믿음 수업

다함은
도서출판

1. 다윗과 아브라함의 자손
아브라함과 다윗의 자손으로, 하나님 구원의 언약 안에 있는 택함 받은 하나님 나라 백성을 뜻합니다.

2. 마음과 뜻과 힘을 다하여 하나님을 사랑하라
구약의 언약 백성 이스라엘에게 주신 명령(신 6:5)을 인용하여 예수님이 가르쳐 주신 새 계명
(마 22:37, 막 12:30, 눅 10:27)대로 마음과 뜻과 힘을 다해 하나님을 사랑하겠노라는 결단과 고백입니다.

사명선언문
1. 성경을 영원불변하고 정확무오한 하나님의 말씀으로 믿으며, 모든 것의 기준이 되는
   유일한 진리로 인정하겠습니다.

2. 수천 년 주님의 교회의 역사 가운데 찬란하게 드러난 하나님의 한결같은 다스림과
   빛나는 영광을 드러내겠습니다.

3. 교회에 유익이 되고 성도에 덕을 끼치기 위해, 거룩한 진리를 사랑과 겸손에 담아 말하겠습니다.

4. 하나님 앞에서 부끄럽지 않도록 항상 정직하고 성실하겠습니다.

믿음 수업: 나는 왜 그리스도인인가

초판 1쇄 인쇄 2020년 6월 22일
초판 1쇄 발행 2020년 6월 30일
초판 2쇄 발행 2022년 10월 13일

지은이 | 정요석
그린이 | 이정하
펴낸이 | 이웅석

펴낸곳 | 도서출판 다함
등　록 | 제2018-000005호
주　소 | 경기도 군포시 산본로 323번길 20-33, 701-3호 (산본동, 대원프라자빌딩)
전　화 | 031-391-2137
팩　스 | 050-7593-3175
이메일 | dahambooks@gmail.com

ISBN 979-11-90584-04-3 (03230)

믿음 수업

나는 왜
그리스도인인가

다함
도서출판

일러두기

• 성경의 표기와 인용은 『개역개정』(4판, 대한성서공회)을 따랐습니다.

내가 어렸을 적에 주일 아침이면 인근 교회 사람들은 북을 치며 동네를 돌아다녔다. 아이들은 딱히 신앙이 없었지만 특별히 할 일도, 먹을 것도 없어서 그 북소리를 따라 교회로 가곤 했다. 나도 재미와 간식 때문에 교회에 가던 아이들 중 한 명이었다. 여름방학 때는 성경학교에도 두세 번 참여했는데, 그 역시 재미와 간식이 큰 이유였다. 그렇게 어렸을 적에 교회를 다니며 추수감사절과 성탄절에는 연극에도 참여했다.

　　나는 초등학교 때 만화를 좋아했다. 만화에서 스토리와 지식을 충족받았다. 5학년 때 여러 권짜리 만화 수호지를 봤다. 너무 재미있었다. 만화가 아닌 글로 된 수호지가 더 재미있다는 누나의 말에 만화가 아닌 수호지를 읽게 되었는데 더 재미있게 읽었다. 이렇게 독서에 재미를 붙여 삼국지와 위인전과 조선의 왕들에 관한 책을 읽으며 등장인물들의 다양한 리더십과 시대상을 배웠다. 그런데 독서를 통해 정작 깨달은 것은 등장인물들이 모두 죽는다는 사실이었다. 결국 사람은 죽는데 업적이

뛰어나봤자 무슨 의미가 있겠냐는 생각이 들면서 허무감이 피어나기 시작했다. 그때부터 유한한 인생살이에서 진정한 의미가 무엇인지 생각하기 시작했다. 탐구하면 할수록 흐르는 시간 속에서 의미 있는 것을 찾을 수 없었고, 그럴수록 허무감이 짙게 드리워졌다.

이런 허무감이 밀려올 때면 하던 일의 의미를 찾을 수 없어 그 일에 집중할 수 없었다. 몇 시간, 때로는 며칠을 허무에 절어 허우적거렸다. 살을 에고 뼈를 깎는 고통이라는 표현이 그저 수사학적 과장인 줄 알았는데, 허무감이 바로 그런 고통이었다. 모든 의미가 사라지고 나 자신의 존재뿐만 아니라 다른 존재물들까지 없어지고 슬픔을 넘어서는 애틋한 아픔이 밀물처럼 가슴을 점령하노라면, 도무지 아무것도 할 수 없었다. 무의미는 무기력과 우울증으로 이어졌다. 죽음과 영원의 문제를 해결하지 못한 채 공부를 비롯한 무언가를 한다는 것은 도통 순서가 맞지 않아 보였다. 어떤 몸짓 하나를 행하는 것도 연료가 없는 발전기를 돌리듯 힘들기만 했다.

이 죽음과 영원의 문제를 내가 몸담고 있던 기독교에서 찾고 싶었지만, 나는 그 답을 찾지 못했다. 선악을 알게 하는 나무의 열매를 따먹으면 죽는다는 창세기의 내용이 설화처럼 여겨졌고, 아담이 그 열매를 따먹도록 하나님께서 하셨다는 가르침은 합리적이지 않았으며, 성경의 여러 족보는 이스라엘 민족의 족보로만 보였다. 지금 생각해보면, 삶, 자연, 영생, 인식에 죄가 끼친 악영향이 무엇인지 나는 아무런 이해가 없었다. 그러니 예수님을 통한 구원의 방법도 이해하지 못했다. 믿음, 은혜, 구원,

예수 그리스도라는 단어들이 개념으로 형성되지 않았고 오직 허무, 영원, 깨달음 같은 단어들이 마음에 가득 차, 정작 중요한 것들을 보지 못했다. 습관적으로 주일 예배와 방학 중의 수련회에 참석했지만 마음은 기독교에서 점점 멀어져갔다.

마침내 나는 중학교를 졸업함과 동시에 교회를 떠났다. 허무감은 더욱 짙어져갔고, 이 허무감을 해결하고 진리를 얻고자 불교에 입문했다. 젊은 청춘을 기꺼이 버리고 세속을 떠나 깊은 산속의 절로 들어간 스님들이야말로 인생을 올바로 직시하면서 진리를 용맹스럽게 탐구하는 이들로 보였다. 그 당시 건국대학교 정문에서 멀지 않은 곳에 절이 하나 있었다. 그곳 중고등부 학생회에 가입하여 매주 토요일 오후에 스님에게 설법을 들었고, 불교 교리를 공부하며 내가 품고 있는 인생의 근본 문제들을 물었다. 스님들이라고 해서 속 시원하게 답을 말해준 것은 아니었다. 하지만 최소한 내 눈에는 그들이 진리를 찾아 나선 진실한 자들로 보였고, 그들의 도움과 그 진지한 분위기 속에서 나도 머지않아 진리를 얻어 허무에서 벗어날 것 같았다. 생로병사의 틀을 벗어나 영원한 불변의 상태에 머물 것 같았다.

고등학교를 졸업한 겨울에 중고학생회를 담당했던 법사스님의 소개로 해인사를 찾아가 며칠 묵으며 큰스님들의 설법도 듣고 더 진지하게 진리를 찾아 나섰다. 대학교에 들어가서도 법사스님이 주지로 계신 문경의 김용사 등을 찾아다니며 진리를 위한 몸부림을 계속했고, 더 본격적으로 여러 종교와 철학 사상을 섭렵하며 진리를 찾아 나섰지만 손에 잡힐 듯 하던 진리는 계속해서 저만치 있었고, 보일 듯 했지만 도무지 정확한 정체를 드러내지 않았다. 그럴수록 남들처럼 화끈하게 인생을 살아 보지도 않으면서 이렇게 허무하게 살다 죽는 것은 아닌가 하는 불안감이 엄습했다.

1980년대의 대한민국은 정치적으로 암울하고 사회 갈등이 심화되었던 때인지라 연일 데모가 이어졌다. 나는 현실의 여러 부조리와 비정상적인 모습을 느끼면서도 거기에 천착하여 치열하게 문제 해결에 나서기에는 나 자신이 가진 허무의 무게가 너무 컸다. 나는 대학의 학문에도, 암울한 정치 현실과 여러 사회 문제에도 흥미와 호기심과 집중력과 실천력을 가질 수 없었고, 오히려 더욱 현실을 기피했다. 그 무엇 하나도 열심히 할 수 없었고, 모든 것을 그럭저럭 대강했다. 겨우 때워냈다는 것이 정확한 표현이리라! 우울증의 초기 증상인 무기력과 대인기피증, 백일몽은 심해졌고, 간염에 걸린 사람처럼 늘 피곤함에 절어 있었다.

그렇게 무기력하게 연명하며 지내던 대학 4학년 초에 연애를 하게 되었다. 비록 진리를 깨닫지는 못했지만, 나의 예민한 감각으로 관찰한 것들을 열심히 들어주는 여자가 옆에 있으니 마음이 많이 안정되었다. 그녀와의 연애로 인해 내 인생은 현실감을 찾아갔고, 이제 취직과 결혼을 위해 나름 학교 공부에도 집중했다. 대학을 졸업했고 카투사로 군대를 제대했으며 대기업에도 취직하여 직장생활을 시작했다.

그런데 나에게 안정감을 주었던 여자 친구가 갑자기 이별을 선고했다. 그 이별은 단순히 여자 한 명과의 이별 선언에 그치지 않았다. 나는 연애를 하면서 허무주의를 나름 잊었고, 현실에 눈을 떴으며, 소소한 재미들을 발견했었다. 그녀와의 이별은 이 모든 것과의 이별을 뜻하는 것이었고, 다시 허무감을 깊게 만나게 되었다. 정든 사람과의 이별도 힘든데, 다시 찾아온 허무주의는 더 강력한 모습으로 나를 압도했다.

이렇게 이별과 허무주의에 치여 어찌할 바를 모르던 나는 우연한 기회에 유럽을 여행하게 되었고, 스위스에서 한인 집에 머물게 되었다. 그집 책장 속에 있던 책 한 권을 무심코 집어들었는데, 손봉호 교수의 『나는 누구인가』라는 책이었다. 나는 그 책을 며칠에 걸쳐 읽으며 기독교의 새로운 면을 접하게 되었다. 손 교수는 철학 교수답게 논리적으로 기독교를 소개했고, 이성적이고 철학적인 나는 그 설명 방법과 논리에 마음이 열려 책을 끝까지 읽어갔다. 독실한 신자인 한인 집주인은 그간 살아온 삶의 성실함과 진실성이 배어나오는 태도로 나에게 열심히 기독교를 전도했다.

나는 그 집을 중심으로 한 달 동안 유럽을 여행했는데, 유럽 여러 도시의 경관을 구경하기보다 그 집에 있던 기독교 책들을 가지고 다니며 독서했다. 유럽의 다양한 볼거리도 내 마음을 빼앗았지만, 기독 서적들은 더욱 내 마음을 빼앗았고 책에서 눈을 뗄 수 없었다. 책을 읽는 동안 어느새 나는 기독교인이 되어 있었다. 중학교 때 들은 설교들이 깨달아졌고, 성경이 이해되기 시작되었으며, 왜 교회 생활에 그러한 문화와 논리들이 존재하는지 고개가 끄덕여졌다. 중학교 때 부른 찬송가와 복음성가들이 내 입에서 흘러나오며 마음이 뜨거워졌다.

유럽에서 한 달 만에 귀국한 나는 손봉호 교수가 장로로 있는 서울 영동교회에 등록하여 신앙생활을 시작했다. 일 년이 지나 세례를 받은 후 첫 번째로 한 일은 중등부 교사 지원이었다. 나는 중학교 때 들은 설교 말씀과 성경 공부가 이해가 되지 않아 그간 나에게 영향을 미치지 않은 줄 알았는데, 의식하지 못하는 가운데 여러 사고와 정서에서 지속적으로 영향을 미쳐왔음을 깨달았기 때문이다. 선악과를 비롯한 몇 개 부분들에서 여전히 강한 반발감을 가지기는 했지만, 그와 동시에 다녔던 교회에서 교역자와 교사들과 집사님들로부터 받은 관심과 사랑, 교회의 따스한 분위기와 즐거운 추억들, 그리고 상식적으로 받아들일 수 있는 기독 교리의 내용들이 내 마음에 겹겹이 쌓여 기독교에 대한 호감과 하나님에 대한 막연한 경외감을 갖게 했다.

나는 이렇게 유럽에서 이삼 주 지내다가 어느 일순간에 하나님을 믿는다고 고백하게 되었다. 그간 들은 설교와 성경 공부가 상당 부분 이해되었고, 득도하게 되었다. 어려서 하나님의 말씀을 들어두는 것이 얼마나 귀한가를 이렇게 체험했기 때문에 중등부 교사가 되어 중학생들이 듣든지 말든지 열심히 하나님의 말씀을 전하고 싶었고, 실제로 몇 년 간 기쁨으로 중등부 교사를 감당했다.

왜 같은 성경의 내용이 중학교 때에는 믿어지지 않아 교회를 떠나게 되고, 그로부터 10년이 지나서 갑자기 믿어지며 그리스도인이 되는 것일까? 왜 많은 사람들이 삼국지와 같은 역사 소설을 읽으며 등장인물의 리더십과 시대상을 배우면서도 정작 중요한 죽음의 문제에는 집중하지 않을까? 왜 사람들은 강건해야 팔구십 세인 인생에서 천 년 만 년 살 것인 양 생명보험 이외에는 죽음 이후를 준비하지 않을까? 왜 서로 사랑해서 부부가 된 이들이 이혼 법정에서 이놈 저년 하면서 싸울까? 합리적이고 문명화된 서구 국가들은 왜 두 번의 세계 대전을 일으켰을까? 과학과 문명이 발달했음에도 세계적으로 기근과 전염병과 전쟁과 노화는 왜 해결되지 않는 걸까?

이 책은 이런 질문들에 대한 탐구의 결과물이다. 나의 젊은 시절처럼 인생에 대한 무의미로 허무감에 절어 힘들게 인생을 사는 이들이나, 인생을 살며 여러 문제와 의문에 관하여 진지하게 탐구한 이들에게 부족하나마 나의 경험을 전하고자 한다. 나는 인생에서 충분한 의미를 찾지 못해 작은 즐거움들에 자신의 관심과 정열을 허무하게 쏟으며 행복한 척 기쁜 척 하는 사람들의 속마음을 알고 있다. 그리고 그런 척도 할 수 없어 아예 대놓고 허무주의에 빠져 허우적거리는 사람들의 큰 고통도 알고 있다. 점점 형이상학적 관심은 줄어들고 실용과 효율과 공리가 대세인 이때, 진지하게 삶을 관찰하고 더 큰 의미를 추구하나 답을 얻지 못할 때의 난감함도 잘 알고 있다. 이런 고통을 앓는 이들에 이 책이 도움이 되기를 간절히 바란다.

이들에게 이 모든 것들의 유일한 해결책이 예수 그리스도이심을 크게 외치고 싶은 몸짓의 일환으로 이 책이 나왔다. 비그리스도인으로 고등학교와 대학교와 군대와 직장생활을 했기에 비그리스도인의 입장에서 그들이 궁금해 할 내용을 전하고자 했다. 이것을 알려주면 기독교에 대해 마음을 열고 고개를 끄덕일만한 것들을 다루려고 했다. 아무쪼록 기독교에 대한 편견을 버리고 기독교의 주장이 무엇인지 종합적 관점에서 바라봄으로써 많은 통찰을 얻어, 영적 진공이 채워지고 세상이 줄 수 없는 평안을 누리는 계기가 되기를 바란다.

기독교에 입문한 초신자들과 이미 신앙생활을 몇 년 하신 분들은 이 책을 자신들의 신앙을 성경 전체의 내용에 따라 정리하는 기회로 삼으면 좋겠다. 편으로 시작되는 "편식, 편견, 편중, 편향"의 단어들은 균형과 조화와 전체에서 멀어진 것을 뜻한다. 우리의 신앙도 성경 전체의 내용에 따라 균형 있게 형성하지 않으면 중독된 신앙과 해로운 신앙이 되기 쉽고, 자신의 파편적 지식으로 편중된 일그러진 신앙생활을 하기 쉽다. 이단은 편중된 성경 읽기와 편향된 성경 이해로 인해 성경 전체의 내용에서 멀어진 이들로서 사회와 조화도 이루지 못한다. 이 책이 독자들의 균형 잡힌 신앙 형성에 일조하기를 바란다.

이 책은 21년간 목사로 섬기고 있는 세움교회에서 가르쳐 온 내용이다. 하나님께서 목사를 교회에 주신 이유는 성도를 온전하게 하고, 그리스도의 몸을 세우도록 하심이다. 목사는 성도가 온전한 사람을 이루어 사람의 속임수와 간사한 유혹에 빠져 온갖 교훈의 풍조에 밀려 요동하지 않도록 돕는다(엡 4:12-14). 현대는 초대교회 때보다 더 교묘한 속임수와 치명적인 유혹들이 넘쳐나고, 과학과 이념으로 무장된 온갖 교훈들이 성도들을 흔들고 있다. 이에 맞서 성경을 균형 있게 성도들에게 가르쳐 성경으로 자신들의 삶과 사회를 읽도록 하는 것을 목표로 했는데, 세상 일이 그렇듯 역량 부족으로 이런저런 시행착오와 서툶이 있었다.

그럼에도 세움교회 성도들은 내가 근심이 아닌 즐거움으로 목회하도록 순전한 마음으로 따랐고, 설교와 성경 공부에 성장한 모습으로 반응했다. 그분들의 사랑어린 격려와 호응이 없었다면 나는 일관된 목회를 할 수 없었고, 이 책도 나오지 않았으리라. 성도들은 이 책도 미리 읽고 유익한 비평을 해주어 책의 수준을 한층 높여주었다. 하나님의 말씀과 사랑으로 자신들을 성찰하며 부족한 인격과 행위를 서로 감싸고 품어 주는 성도들과 같이 신앙생활하는 즐거움은 매우 크다. 성도들에게 감사드리며 앞으로 더욱 열렬히 사랑하고 말씀을 꿀처럼 달게 여기는 교회가 되기를 바란다. 똑같은 은혜가 이 책을 읽는 독자들에게도 임하길 바란다.

제1장

믿음

하나님을 스스로 알 수 없는 사람

꽃
— 김춘수

내가 그의 이름을 불러 주기 전에는
그는 다만 하나의 몸짓에 지나지 않았다.

내가 그의 이름을 불러 주었을 때
그는 나에게로 와서
꽃이 되었다.

내가 그의 이름을 불러 준 것처럼
나의 이 빛깔과 향기에 알맞는
누가 나의 이름을 불러다오.
그에게로 가서 나도
그의 꽃이 되고 싶다.

우리들은 모두
무엇이 되고 싶다.
너는 나에게 나는 너에게
잊혀지지 않는 하나의 눈짓이 되고 싶다.

여러분은 이 시를 애송한 적이 있었는가? 아름다운 장미 한송이의 빛깔과 향기를 접할 때, 아니면 마음에 둔 이성을 그리워하며 그의 사랑을 얻고 싶을 때? 위의 시는 얼핏 보면 남녀 간의 관심과 연정을 그리는 것 같지만, 실은 정확하게 사물을 알고 싶어 하는 간절한 마음을 다룬다. "나의 이 빛깔과 향기에 알맞는/누가 나의 이름을 불러다오"라는 표현에서, 자신이 누군인지 정확히 알고 싶어하는 김춘수 시인의 간절함이 느껴지지 않는가!

김춘수 시인은 자신의 정확한 빛깔과 향기를 알고자 했고, 그래서 잊혀지지 않는 눈짓이 되어 영원한 의미로 남고 싶어 했다. 이 시를 쓴 이후 그는 사물의 정확한 정체를 분석하고 규명하기 위해 자신의 모든 인식 수단과 능력을 사용했다. 하지만 그를 맞이한 것은 역설적으로 "무의미"였다. "꽃"이란 단어의 정확한 정체를 알기 위해 "ㄲ, ㅗ, ㅊ"으로 분석

한다고 하여 알 수 없지 않는가? 그런데 그는 이렇게 작업했다.

ㅜㅉㅣㅅㅏㄹㄲㅗ바보야
ㅣㅂㅏㅂㅗㅑ,
역사가 ㅕㄱㅅㅏㄱㅏ 하면서
ㅣㅂㅏㅂㅗㅑ,

처용단장 제3부 39의 일부다. 인생의 의미와 사물의 정체를 찾아 나섰지만, 오히려 언어는 해체되고 의미는 단순한 소리로 분해되었다. "꽃" 이후에 30년 동안 의미를 찾아 나선 그는 「의미에서 무의미까지」란 시론에서 그의 힘든 여정을 다음과 같이 표현했다.

나는 어느 새 허무를 앓고 있는 내 자신을 보게 되었다. 나는 이 허무로부터 고개를 돌릴 수가 없었다. 이 허무의 빛깔을 나는 어떻게든 똑똑히 보아야 한다. 보고 그것을 말할 수 있어야 한다. 의미라고 하는 안경을 끼고는 그것이 보이지가 않았다. 나는 말을 부수고 의미의 분말을 어디론가 날려 버려야 했다.

시인은 삼라만상 모든 것들을 확인할 수도, 신뢰할 수도 없어 자기세계 속으로 침잠해 들어갔다. 실재를 놓쳐 감각을 잃어버리고, 불가지론에 빠지고, 끝내 허무를 안고 뒹굴 수밖에 없었다. 삼라만상의 존재에 대한 의미를 찾아 삼라만상 모두를, 그리고 언어와 관념까지도 낱낱이 분석했지만 그는 의미 대신에 무의미를 얻을 뿐이었다. 사람이란 유의미를 추구하는 존재지만, 만물은 그 문을 열지 않는다. 사람은 많은 것을 알고 있는 듯하지만 실은 정작 중요한 것을 모르고 있다.

다른 종교들이 주장하는 것

기독교는 사람들에게 무엇을 전하고자 할까? 기독교에서 많이 접하는 단어들은 죄, 믿음, 예수님 등이다. 이 단어들은 왠지 진리나 득도와 같은 단어들에 비해서 스케일과 무게가 떨어져 보인다.

길을 걷다 보면 "도를 아십니까?"라고 묻는 이들이 있다. 대순진리회나 증산교는 세상과 인간을 구원할 방법으로써 "도"를 전한다. 이들은 수련을 통해 도인이 되면 "천지대도", 즉 하늘과 땅의 근본이 되는 바른 길을 깨닫게 되고, 욕심·음란·성냄·어리석음 등을 극복할 수 있다고 주장한다.

불교도 "득도"를 강조한다. 불교의 도란 우주 만물의 근원과 운행법칙이고, 인간의 생로병사에 대한 이치다. 도를 깨우쳐야 윤회의 틀에서 벗어나 모든 번뇌로부터 자유로운 열반에 이른다. 불교에서 가장 악하고 미련하게 생을 산 자는 고통이 가장 심한 지옥도에 떨어지고, 둘째는 굶주림의 고통을 심하게 받는 아귀도에 떨어지고, 셋째는 짐승이 되는 축생도에 떨어지고, 넷째는 노여움이 가득하여 철저하게 잘못을 따지는 아수라도에 떨어지고, 다섯째는 인간이 사는 인도에 떨어지고, 여섯째는 행복이 두루 갖추어진 하늘 세계의 천도에 떨어진다. 이 윤회의 여섯 세상에는 절대적인 영원이란 없어, 천도일지라도 수명이 다하고 업이 다하면 다시 아귀도로 몸을 바꿔 태어날 수 있다. 따라서 불교는 선을 권하고 악을 벌하는 권선징악만 강조하지 않고, 윤회라는 틀 자체를 벗어나는 해탈을 강조한다. 윤회는 결국 괴로움이므로, 윤회에서 영원히 벗어나 열반과 극락의 왕생에 들어가는 것인데, 이 상태에 들어가는 도를 깨달은 자가 부처다. 불교인들은 부처가 되기를 얼마나 갈망하는지, 헤어질 때 합장하면서 "성불하세요"라고 인사를 나눈다.

삼강오륜으로 대표되는 유교는 사람들의 다양한 관계와 질서가 어떠한 법칙을 따라야 하는지에 대해 관심이 많다. 삼강은 군위신강, 부위자강, 부위부강이고, 오륜은 부자유친, 군신유의, 장유유서, 부부유별, 붕우유신이다. 한국 사람들은 삼강오륜을 문자적으로 알지 못할지라도 일상생활을 통해 이해하고, 기독교와 불교를 비롯해 어떤 종교를 갖든 생활양식은 삼강오륜의 영향을 크게 받고 있다.

그런데 우리나라의 전통 종교는 불교나 유교가 아니라 샤머니즘이다. 매년 신년이 되면 많은 사람들이 토정비결을 보고, 신생아가 태어나면 사주팔자로 평생의 운을 보고, 남녀가 결혼할 때에는 궁합을 본다. 결혼과 이사 등 중요한 일을 치를 때에 택일을 위해 점쟁이나 사주쟁이를 찾고, 신생아와 회사의 이름을 위해 작명가를 찾는다. 축구 국가대표팀은 선수이동 차량을 구입하면 먼저 고사를 지낸 후 운행을 시작하고,

각 프로구단도 새로운 시즌을 시작할 때 고사를 지낸다. 매년 설날과 추석이 되면 많은 가정들이 조상께 제사를 지낸다. 많은 한국인들은 이러한 샤머니즘에 익숙하여, 옳고 그름을 떠나 그냥 문화와 관습으로 받아들인다.

기독교는 왜 죄와 믿음을 강조할까

진리, 도, 삼강오륜, 사주팔자, 궁합 같은 단어들은 우리의 실생활과 상식을 통해 쉽게 이해된다. 그런데 기독교가 강조하는 "죄"나 "믿음"은 다소 낯설다. 기독교는 사람들은 모두가 죄인이라고 정죄하고, 믿음 이외에는 구원 얻을 방법이 없다고 단정하고, 다른 종교들에는 구원과 진리가 없다고 독선적(?)으로 주장하기까지 한다. 나름 사회의 질서를 지키고, 남을 배려하며 산 이들은 기독교의 이런 주장과 독단에 불편함을 느낀다. 기독교는 왜 다른 종교들과 달리 죄를 강조하고, 왜 그렇게 배타적일까?

그런데 기독교가 진리나 사랑을 강조하지 않는 것은 아니다. 그 어느 종교보다 더 강조하는데, 죄를 먼저 언급하는 것은 사람들이 죄 때문에 참된 진리와 사랑을 알지 못하기 때문이다. 기독교가 **죄를 먼저 언급하고 강조하는 것처럼 보이는 것은 실은 사랑과 진리와 구원을 분명하게 획득하고 누리기 위해서다.** 이것들을 얻는 첩경이 죄의 해결이기 때문이다.

자신들 앞에 진리가 있어도 사람들이 그 진리를 인식하지 못한다면 그 진리는 아무 소용이 없다. 코끼리는 땅속에 있는 물의 냄새도 맡을 수 있어, 가뭄 때 땅을 파 그 물을 마신다. 다른 동물들도 코끼리 덕에 그 물을 마시게 된다. 이처럼 대상을 올바로 인식하는 능력은 매우 중요하다. 땅 속에 물이 있어도 그 물을 인식할 능력이 없다면 그 물은 사용되지 못한다. 마찬가지로 진리와 구원과 영생이 분명히 존재함에도 이것들을 인식할 능력이 사람에게 없다면 이것들은 사람에게 아무 쓸모가 없다. 그래서 기독교는 먼저 죄를 강조하고, 죄의 문제를 해결함으로써 하나님의 사랑과 진리와 영생을 얻고자 한다.

동물의 인식 능력

먼저 동물의 인식 능력의 한계에 대해 살펴보자. 개들은 뛰어난 후각과 청각 능력을 갖고 있다. 마약 탐지견은 공항의 짐들을 냄새로 마약의 여부를 알아내고, 사람의 소변 냄새로 병의 유무를 알아낸다. 멀리서 걸어오는 발자국 소리로 주인이 집에 오는지도 알아낸다. 하지만 개는 이런 뛰어난 후각과 청각 능력을 갖고 있지만, 종합적인 인식 능력에서는 사람보다 크게 떨어진다.

티브이에서 사자가 초식 동물을 잡아먹는 장면이 가끔 나온다. 그때 옆에 있는 개에게 손으로 사자를 가리키며 사자를 보라고 해보라. 개가 사자를 향하여 사납게 짖으며 달려들거나, 오줌을 싸며 뒤로 물러날 것

같지만, 놀랍게도 개는 가리키는 손을 쳐다본다. 개를 비롯한 동물에게 는 가리키는 방향을 보는 방향성이 없다. 사람과 DNA가 99%가 일치한 다고 하는 침팬지에게도 방향성이 없다. 사람에게는 너무나 당연한 방 향성이 동물에게는 도달할 수 없는 초월의 영역인 것이다. 개들은 티브 이도 보지 못한다. 재미있는 드라마의 내용, 박진감 넘치는 스포츠 경기 의 재미와 긴장 등을 이해하지 못하기 때문이다. 개는 순결과 일부일처 의 개념도 없다. 발정기가 되면 아무하고나 교미를 한다. 이들에게 순결 과 일부일처의 개념을 가르치는 일은 불가능에 가깝다.

새들은 집을 지을 때 부리로 질긴 풀잎을 정교하게 매듭짓는다. 사람 들도 쉽게 할 수 없는 난이도다. 그런데 그 새집은 천 년 전이나 지금이 나 같다. 변화와 발전이 없다. 하나님이 주신 본능으로 집을 지을 뿐이 다. 펭귄들은 새끼를 낳은 후 바다로 돌아가 물고기를 잡아먹은 후 지방 이 많은 젖을 새끼에게 주려고 새끼가 있는 해변으로 올라온다. 비슷한 모습을 지닌 수만 마리의 새끼들이 배가 고프다며 울어댄다. 그런데 펭 귄 어미와 새끼는 서로의 소리를 분별하여 서로를 찾아낸다. 이러한 분 별 방법 역시 천 년 전이나 지금이나 같다. 사람이라면 스마트폰을 만들 어 서로 다른 번호로 쉽게 통화하여 만나지 않는가!

사람의 인식 능력

동물들은 시각, 청각, 후각, 촉각 등에서 사람이 도저히 따라갈 수 없는 능력을 한두 개 갖고 있다. 개는 후각이 발달하여 사람이 맡을 수 없는 미량의 냄새도 탐지할 수 있고, 올빼미는 청각이 발달하여 아무것도 보이지 않는 컴컴한 밤에 사냥을 쉽게 할 수 있다. 뱀은 후각이 발달하여 두 갈래로 갈라진 혀로 냄새를 맡아 먹이에 대한 의사결정을 한다. 각 생명체는 이렇게 다양한 기관을 통해 들어온 정보를 갖고 의사결정하는데, 이때 이 정보들을 처리하는 뇌의 용량과 기능이 중요하다.

사람은 다른 동물보다 시각, 청각, 후각, 미각, 촉각 등의 기능이 떨어질지 모르지만, 들어온 정보를 처리하는 뇌의 기능이 뛰어나다. 즉 이성과 감성과 의지가 종합적인 면에서 다른 동물보다 월등하여 모든 동물을 지배한다. 지정의로 추상적 사고를 할 수 있고, 진선미를 추구할 수 있다. 특별한 수재나 천재가 아니어도 서너 살이 되면 가리키는 방향을 볼 수 있고, 티브이 보는 것을 너무나도 즐긴다. 그리고 정직, 배려, 순결, 정조의 개념을 대부분 이해한다. 비록 이것들을 잘 지키지는 못할지라도 최소한 어떤 의미인지는 알고 있고, 지키기 위해 노력도 한다.

그런데 사람에게 이런 인식능력이 있다고 해서 완벽한 것은 아니다. 동물과 비교하여 상대적으로 뛰어나지만, 여러 면에서 한계가 있다. "칵테일 파티 효과"(Cocktail Party Effect)는 사람의 선택적 지각의 한계를 보여 준다. 사람들이 모여 칵테일을 마시며 파티를 하는 곳은 사람들의 시끄러운 소리까지 섞여서 얼마나 소란스러운지 모른다. 그런데 그렇게 소음이 심한 곳에서도 사람은 누가 자기 이름을 부르면 그 소리를 듣는다. 관심을 갖는 이성이 저만치서 하는 대화도 경청해서 듣는다. 이것은 사람에게 자신이 원하는 방향으로 사물을 주관적으로 보고 듣는 지향성이 있다는 의미다. 이에 비하여 녹음기는 들리는 모든 소리를 수동적으로 균일하게 녹음한다.

사람은 능동적, 선택적으로 듣고 보기 때문에 자신이 듣고자 하는 것을 듣고, 보고자 하는 것을 보고, 기억하고자 하는 것을 기억한다. 사람은 동물보다 뛰어난 지정의를 갖고 있지만 눈, 귀, 코, 입, 피부 등을 통해 들어오는 정보들을 선택적, 주관적으로 가공해서 긍정과 부정의 결과물을 만들어낸다.

운전 중에 통화하는 것이 왜 위험한가? 사람의 주의력 총량은 정해져 있어 동시에 두 가지 일에 집중할 수 없기 때문이다. 통화 내용에 집중하는 순간 운전에 집중하지 못해 사고가 발생하기 쉽다. 1999년에 "보이지 않는 고릴라"(the invisible gorilla) 실험*에서 6명의 학생들이 3명씩 나뉘어 같은 팀원끼리 농구공을 주고받는 모습을 동영상으로 찍었다. 동영상을 사람들에게 보여주며 하얀 옷을 입은 이들의 패스 회수를 세도록 했다. 사람들은 15회라는 회수를 대부분 맞추었지만, 고릴라 분장자의 가슴 치는 장면은 50%가 보지 못했다. 빈부, 학력, 지역, 인종 등에

---

* 크리스토퍼 차브리스(Christopher Chabris) 교수와 대니얼 사이먼스(Daniel Simons)가 1999년에 공동으로 실험한 심리 실험이다. 이들은 실험 결과는 『보이지 않는 고릴라』(김명철 역, 김영사, 2011)라는 제목으로 출간되었다.

상관없이 50%는 패스 회수에 주의를 쏟느라 고릴라를 보지 못한다. 뇌는 여러 일을 할 때 선택적 집중을 하기 때문에 선택하지 않은 대상에 대한 주의력이 떨어질 수밖에 없다. 지향성이 강한 사람일수록 주의력 착각으로 보고도 보지 못하고 들어도 듣지 못한다. 편견과 착각이 클 수 있다.

선택적 지각은 기억력에서도 발생한다. 사람은 자신이 당한 경험을 선택적으로 지각하여 선택적으로 기억한다. 자신의 기분과 의도에 맞춰 자신도 모르게 왜곡하여 저장함으로써 자신마저도 기억에 속고 만다. 기억은 객관적이지 않다. "내가 이것을 분명히 기억한다"라든지 "내가 현장에서 분명히 듣고 보았다"라는 표현을 함부로 하면 안 된다. 분명히 그렇게 보고 듣고 기억했겠지만, 바로 그 보고 듣고 기억함 자체에 착각이 있을 가능성이 높다.

1954년에 미국에서 말세론을 믿는 자들이 가정과 직장을 버리고 한곳에 모여 대홍수로부터 자신들을 구원해줄 비행 접시를 기다렸지만 아무 일도 일어나지 않았다. 이장림을 따르던 다미선교회는 1992년 10월 28일에 휴거를 기다렸지만 역시 아무 일도 일어나지 않았다. 이들 중 일부는 자신들이 틀렸음을 알고 말세론을 버렸지만 일부는 자신들의 간절한 믿음으로 말세가 일어나지 않았다며 기뻐하거나, 자신들의 믿음이 약해 비행 접시가 안 왔다며 더욱 광신적 행태로 변해가거나, 날짜 산정에 오류가 있었다고 생각했다. 자신들이 가진 믿음을 버리는 대신, 현실을 자신의 믿음에 맞추어 해석한 것이다.

인간은 절대로 합리적 존재가 아니라, 합리화하는 존재다. 그 뛰어난 지정의의 능력으로 자신의 신념과 욕구를 합리화하기 위하여 정보들을 얼마든 이용하고 가공하는 존재다. 이로 인해 인지 부조화(Cognitive Dissonance)와 확증 편향(Confirmation bias)이 발생한다. 자신의 신념에 맞는 정보는 받아들이고, 어긋나면 옳은 정보일지라도 무시한다. 사람은 이런 일이 자신도 모르는 가운데 발생하므로 자신의 신념과 느낌이 틀릴 수 있음을 수시로 살펴야 한다.

그래도 이와 같은 일은 기존의 정보로 판단하니 나름 옳은 부분이 있다. 그런데 사람이 한번도 경험하지 못한 일에 대해서는 어떻게 알 수 있는가? 사람이 이 세상의 처음 존재에 대해 어떻게 알 수 있는가? 오십 년, 백 년 후의 일을 어떻게 예측하며 준비할 수 있는가? 죽음 이후의 세계와 영혼의 존재와 작동에 대해 어떻게 알 수 있는가? 사람은 이렇게 알지 못하는 것이 아는 것보다 더 많다.

첫 사람 아담과 후손의 인식 능력

개만이 아니라 사람도 손으로 달을 가리키면 손을 쳐다본다. 인식의 한계를 갖는 사람에게 진리와 구원의 길을 제시하면 그 가치를 모르고 발로 차버린다. 기독교는 이런 인식의 혼란이 죄 때문에 발생한다고 보아, 무엇보다 죄의 해결을 강조한다. 기독교는 이 땅에 존재하는 모든 비참함과 노병사의 원인을 죄라고 본다.

성경의 첫 부분은 창세기인데 사물 및 사람의 기원과 목적에 대해 말해준다. 창세기는 하나님께서 사람을 하나님의 형상대로 창조하시어 사람은 의와 거룩함(엡 4:23)과 지식(골 3:10)을 갖는다고 말한다. 그래서 사람은 언어와 도구를 사용하고, 유희를 즐기고, 사회를 구성하고, 다양한 학문과 예술을 추구하고 누린다. 뛰어난 인식 능력을 갖기 때문에 이런 일이 사람에게 가능하다. 실제로 첫 사람 아담은 하나님께서 에덴동산을 창설하시고 그것을 경작하며 지키게 하실 때에 이렇게 할 수 있는 능력이 있었다. 아담은 갓난아이가 아니라 성인으로 지음을 받아, 학습과 경험의 기회가 없음에도 이런 능력을 발휘했다. 하나님께서 뛰어난 인식 능력을 아담에게 선물로 주셔서 본성적으로 뛰어난 인식 능력을 갖춘 채 지음을 받았기 때문이다.

하나님께서 각종 들짐승과 공중의 새를 지으시고 아담에게로 이끌어 오셨을 때에 아담은 각 생물을 불렀고, 그것이 곧 이름이 되었다(창 2:19). 여기서 아담이 각 생물을 불렀다는 것은 단순히 각 생물의 이름을 혼동과 중복이 되지 않게 구별되게 불렀다는 의미가 아니라, 각 생물의 본성과 특성을 직관과 관찰로 파악하여 그에 맞는 이름을 지어주었다는 것이다. 이런 인식 능력이 죄를 짓기 전의 아담에게 있었다.

그런데 이러한 인식 능력은 아담이 죄를 지으며 부패했고 무능해졌다. 피조물인 아담과 하와는 창조자이신 하나님처럼 되고 싶어 하나님이 금하신 선악을 알게 하는 나무의 열매를 따먹었다. 이들은 "그것을 먹는 날에는 너희 눈이 밝아져 하나님과 같이 되어 선악을 알 줄 하나님이 아심이니라"(창 3:5)라고 유혹하는 뱀의 꾀에 빠져 열매를 따먹었다. 그들이 선악의 열매를 따먹은 것은 과일 하나를 훔친 정도의 범죄가 아니라 자신들이 하나님처럼 되려는 큰 죄였다.

그들의 첫 범죄가 하나님과 같이 되어 선악을 알고 싶었음에 있었다는 것은 인식이 얼마나 중요한가를 말해준다. 그런데 그들이 열매를 따먹은 결과는 하나님처럼 선악을 알게 된 것이 아니라, 잘못된 방향으로 선악을 알게 된 것이었다. 이들은 열매를 따먹은 즉시 자기들이 벗은 줄을 알고 무화과나무 잎을 엮어 치마로 삼았다. 이들은 안 좋은 의미로 눈이 밝아져 알지 않아도 되는 수치와 열등감과 이기심을 알게 되었다. 이들은 열매를 따먹은 책임을 타자에게 돌렸다. 아담은 "하나님이 주셔서 나와 함께 있게 하신 여자 그가 그 나무 열매를 내게 주므로 내가 먹었나이다"(창 3:12)라고 변명했다. 아담은 하와를 처음 보았을 때에 "내 뼈 중의 뼈요 살 중의 살이라"(창 2:23)라고 하며 자신과 하나가 됨을 칭송했는데, 범죄한 이후에는 자신이 요구하지도 않았는데 하나님이 괜히 자신에게 주신 여자 때문에 열매를 먹게 되었다고 하나님과 여자에게 책임을 떠넘겼다.

여자는 "뱀이 나를 꾀므로 내가 먹었나이다"라고 책임을 뱀에게 돌렸다. 하나님은 이런 여자에게 "너는 남편을 원하고 남편은 너를 다스릴 것이니라"(창 3:16)는 벌을 내리셨다. 여자가 남편을 향하여 원하는 바가 있는데, 남편은 이를 들어주지 않고 오히려 여자를 다스리려고 하는 것이다. 남자나 여자나 모두 자기중심적 생각과 욕구를 상대방에게 관철하는 자가 되어 평생 싸움과 갈등이 끊이지 않게 되었다. 아담과 하와의 모든 후예들은 칵테일 파티 효과의 자기중심적인 지향성을 갖게 되어 상대방을 다스리고 깔아뭉개려 하며 비참에 빠지게 되었다.

자기중심적인 시각은 그들이 낳은 가인에게서 더욱 두드러졌다. 하나님께서 가인과 그의 제물을 받지 아니하시고, 동생 아벨과 그의 제물을 받으셨다. 그러자 가인은 몹시 분하여 안색이 변했다. 하나님은 가인에게 "네가 분하여 함은 어찌 됨이며 안색이 변함은 어찌 됨이냐?"(창 4:5)라고 말씀하셨다. 가인은 이 말씀을 듣고 하나님을 대하는 태도와 드린 제물에 어떤 문제점이 있는지를 살피고 회개해야 하는데, 대신 자기중심적으로 생각하여 제물을 받지 않으신 하나님을 원망했고, 아벨을 향해 분노했다. 하나님은 가인에게 "선을 행하지 아니하면 죄가 문에 엎드려 있느니라 죄가 너를 원하나 너는 죄를 다스릴지니라"(창 4:7)고 말씀하셨다. 이렇게 말씀하셨음에도 가인은 자신의 죄를 인식하지 못하고, 아우 아벨이 들에 있을 때에 그를 쳐죽였다. 여자가 남편을 원할 때 남편은 그 여자를 다스리려고 하듯, 죄가 가인을 원할 때 가인은 죄를 다스려야 했는데, 오히려 다스림을 당한 것이었다.

창세기는 이후에 가인의 후예들이 여러 문화와 산업을 일으켰지만 자기중심적인 지향성의 오류로 가인처럼 폭력과 살인을 저지른 것을 서술한다. 하나님은 이들의 죄악이 절정에 이르렀을 때 노아의 홍수를 통해 심판하시고, 오직 노아와 그의 가족 7명만을 살려주셨다. 그런데 노아의 가족과 후손도 바벨을 건설하며 자기중심적 사고와 존재감을 드러냈다. 하나님은 이들의 죄악성을 억제하시기 위해 이들의 언어를 혼잡하게 하여 서로 알아듣지 못하게 하셨고, 그들을 온 지면에 흩으셨다. 가인의 후예와 노아의 후예는 나름 찬란한 문화와 산업과 경제를 일으켰지만 올바른 인식으로 서로를 사랑하며 이를 누리는 것이 아니라, 잘못된 인식으로 서로를 지배하고 억압하며 상해와 살인을 저질렀다.

그리스도인의 인식 원리: 지정의가 아닌 믿음

사람의 인식 문제가 해결되지 않고는 아무리 좋은 것이 사람에게 있어도 소용이 없다. 사람에게 진리와 구원을 선물로 주어도 이 가치를 모르면 오히려 화를 내며 발로 차버린다. 하나님의 아들이신 예수님은 "거룩한 것을 개에게 주지 말며 너희 진주를 돼지 앞에 던지지 말라. 그들이 그것을 발로 밟고 돌이켜 너희를 찢어 상하게 할까 염려하라"(마 7:6)라고 말씀하셨다. 그래서 하나님은 자녀로 택하신 자들에게 진리와 구원을 주실 때에 이것을 깨닫고 받아들이도록 믿음도 같이 주신다.

믿음에 대해 신학자 루이스 벌코프는 "믿음은 외적 증거나 논리적 증명에 의존하지 않고 즉각적이고 직접적인 통찰력에 의존하는 명확한 지식이다"

라고 정의했다.[*] 믿음을 가진 자는 새로운 통찰력을 장착하게 되어 예전에 알지 못하던 분명한 지식을 갖게 되는 것이다. 시력이 나쁜 사람이 안경을 쓰면 잘 보게 되는 것과 같고, 어두운 밤에 적외선 안경을 장착해 잘 보게 되는 것과 같다. 믿음이 없던 사람이 하나님의 은혜로 믿음이란 인식 수단을 장착하게 되면 예전에 보지 못하고 깨닫지 못하던 하나님의 존재와 일하심, 그리고 사람의 비참한 상황을 인식하게 된다. 사람은 믿음의 장착을 통해서만 사람이 전적으로 부패한 죄인이라는 것을 깨닫게 되고, 이 죄는 오직 예수 그리스도께서 십자가에 죽으셔야만 해결된다는 것을 알게 된다.

　그래서 기독교는 무엇보다 먼저 죄와 믿음을 강조한다. 사람들은 죄로 인해 지정의가 모두 오염되어서 자체적인 능력으로는 무엇이 참된 구원이고 진리인지를 모른다.[**] 그래서 기독교는 먼저 죄에 대해 말하고, 사람의 지정의가 아니라 하나님이 주시는 믿음을 통해서만 이것들을 받고

---

[*]　Berkof, Louis. *Systematic Theology* (Edinburgh: The Banner of Truth Trust, 1996), 181.
[**]　렘 4:22; 롬 3:11; 고전 1:18-20; 엡 4:18-19; 딤후 3:4; 렘 17:9.

향유할 수 있기 때문에 믿음을 강조한다. 동물에게 가리키는 방향을 보라고 아무리 가르쳐도 소용이 없다. 동물의 지적 능력을 향상시킨 후에 가리키는 방향을 보라고 요구해야 하듯, 만사와 만병의 근원인 죄의 문제를 해결하기 위해 기독교는 먼저 믿음을 강조한다.

앞에서 말한 것처럼 허무감에 빠져 크게 고생하던 내가 지금은 부활과 영생을 믿고, 사자가 소처럼 풀을 먹는 진정한 하나님 나라가 올 것을 믿는다. 나는 보이지 않는 부활과 영생과 하나님 나라를 바라고, 확실한 증거가 있는 것처럼 받아들이는데 바로 믿음 때문이다. 믿음은 바라는 것들의 실상이고 보이지 않는 것들의 증거이기(히 11:1) 때문이다. 부활과 영생이 존재한다는 증거를 일반인에게 제시할 수 있을까? 이것은 개에게 손이 아니라 손이 가리키는 방향을 쳐다봐야 함을 설명하는 것처럼 어렵다. 사람이 특별히 배우지 않아도 즉각적이고 직접적인 통찰로 손이 가리키는 방향을 보듯, 믿음이 있는 자는 즉각적이고 직접적인 통찰로 부활과 영생이 예수 그리스도로 말미암아 존재함을 안다.

바울 사도가 옷감 장사를 하는 루디아 여인에게 하나님의 말씀을 전할 때에 주께서 그 마음을 여셨다. 즉 믿음을 주신 것이다. 그러자 그녀는 바울의 말을 따르게 되었다(행 16:14). 그리스도인은 자신의 행위가 아니라 하나님의 은혜에 의해 구원을 받는데, 이때 구원의 은혜가 믿음을 통해 주어진다(엡 2:8). 믿음이 아니고서는 이런 신비한 일을 깨달을 수 없다. 사람이 구원을 받는 것은 하나님의 전적인 은혜이고, 이 은혜를 사람들이 받아들일 수 있는 것도 하나님께서 선물로 주신 믿음 때문이다. 이 세상 사람들은 자신의 지혜로 하나님을 알지 못한다(고전 1:21). 하늘보다 높은 하나님의 지혜를 땅에 있는 사람들이 알 수 없다. 그래서 하나님은 하나님의 말씀을 전하는 전도를 통해 무엇이 진리와 구원인지 알려주시고, 그때 믿음도 주시어 받아들이게 하신다. 신자는 자신의 내면에 있는 지정의로 하나님의 진리와 세상에 대한 참된 인식에 절대로 이르지 못하고, 오직 믿음을 통해서만 가능하다. 신자의 내적 인식 원리는 지정의가 아니라 믿음인 것이다.

하나님은 사람에게 참으로 많은 것들을 은혜로 주신다. 특히 신자들에게는 구원을 주시고, 하나님 자체를 주신다. 그런데 하나님께서 은혜로 이렇게 주신 것들을 사람들은 하나님의 영을 통하지 않고는 알 수 없다. 강퍅하고 미련한 사람들은 하나님의 영께서 임해 믿음이 생길 때에만 은혜로 주신 것들의 존재와 가치를 알고 받아들인다. 스스로 깨우치지 못한다. 그리스도인은 세상의 영이 아니라 하나님의 영을 받아 새로운 인식 수단을 갖게 되어 은혜로 주신 것들을 알게 된다(고전 2:12). 독자들은 자신의 생각과 판단과 헤아림에 많은 오류와 한계가 있음을 알고, 하나님의 신비한 진리를 하나님의 은혜로 접하겠다는 겸손한 마음을 가져보시기 바란다. 하나님께서 그런 낮은 자를 기쁘게 받으신다.

---

¹ 여호와여 주께서 나를 살펴 보셨으므로 나를 아시나이다 ² 주께서 내가 앉고 일어섬을 아시고 멀리서도 나의 생각을 밝히 아시오며 ³ 나의 모든 길과 내가

눕는 것을 살펴 보셨으므로 나의 모든 행위를 익히 아시오니 4 여호와여 내 혀의 말을 알지 못하시는 것이 하나도 없으시니이다 5 주께서 나의 앞뒤를 둘러싸시고 내게 안수하셨나이다 6 이 지식이 내게 너무 기이하니 높아서 내가 능히 미치지 못하나이다 7 내가 주의 영을 떠나 어디로 가며 주의 앞에서 어디로 피하리이까 8 내가 하늘에 올라갈지라도 거기 계시며 스올에 내 자리를 펼지라도 거기 계시니이다 9 내가 새벽 날개를 치며 바다 끝에 가서 거주할지라도 10 거기서도 주의 손이 나를 인도하시며 주의 오른손이 나를 붙드시리이다 11 내가 혹시 말하기를 흑암이 반드시 나를 덮고 나를 두른 빛은 밤이 되리라 할지라도 12 주에게서는 흑암이 숨기지 못하며 밤이 낮과 같이 비추이나니 주에게는 흑암과 빛이 같음이니이다 13 주께서 내 내장을 지으시며 나의 모태에서 나를 만드셨나이다(시 139:1-13).

김춘수 시인은 누가 자신의 빛깔과 향기에 알맞는 이름을 불러달라고 절규했다. 그에게로 가서 그의 꽃이 되고 싶어 했다. 하지만 그 자신도 자기를 알지 못했고, 그는 허무와 무의미 속에서 쓸쓸히 죽었다. 세월의 흐름 속에서 잊혀져가는 존재가 되어버렸다. 그런데 하나님은 우리 자신을 깊이 살피시어 우리를 아신다. 우리의 앉고 일어섬과 같은 외적 행동만이 아니라 생각과 혀의 말까지 모두 아신다. 사람은 주의 영을 떠나 어디로 갈 수 없다. 하늘과 땅과 바다 끝에 갈지라도 주의 손이 인도하시고 붙드신다. 주께서 바로 우리 내장을 지으시고 만드셨기 때문에 우리의 빛깔과 향기를 잘 아시고 그에 맞는 이름을 불러주신다. 그리고 하나님은 우리에게 믿음까지 주시어 우리가 알아야 할 것을 모두 알게 하신다. 직접적이고 즉각적인 통찰로 삶의 의미를 알게 하시고, 우리는 하나님께 결코 잊혀지지 않는 하나의 눈짓임을 알게 하신다. 그 하나님을 어찌 영접하지 않을 수 있겠는가!

1. 김춘수의 「꽃」을 누가 낭독해봅시다. 감상의 소감을 나누어봅시다.

2. 다른 종교를 경험한 적이 있습니까? 있다면 경험한 종교에 대해 나누어봅시다.

3. 기독교는 다른 종교들에 비해 왜 죄와 믿음을 강조할까요?

4. 동물과 사람의 인식 능력에 한계가 있다고 생각하십니까? 자신의 인식 능력의 한계로 실수한 경우가 있다면 경험한 사례를 나누어봅시다.

5. 첫 사람 아담의 인식 능력은 언제 망가졌습니까?

6. 루이스 벌코프가 말한 믿음에 대한 정의를 살펴보고 나누어봅시다. 또 하나님은 신자들에게 구원을 주실 때 믿음도 주시어 구원을 받아들이도록 하신다는 것이 무슨 의미인지도 나누어봅시다.

7. 시편 139:1-13을 누가 낭독해봅시다. 자기 자신의 빛깔과 향기에 알맞은 이름을 불러주실 이는 누구입니까?

제2장

성경

자신을 알려주시는 하나님

하늘의 무지개 바라보노라면
_ 윌리엄 워즈워스

하늘의 무지개 바라보노라면
내 가슴 설레느니,
어려서도 그러했고
어른 된 지금도 그러하고,
늙어서도 그리할 것이니.
아니면 목숨은 죽은 것이라!
아이는 어른의 아버지,
그리고 내 생의 나날을 자연의 경외감에
묻혀 살고파

My heart leaps up
_ William Wordsworth

My heart leaps up when I behold
A rainbow in the sky:
So was it when my life began;
So is it now I am a man;
So be it when I shall grow old,
Or let me die!
The child is father of the man
And I could wish my days to be
Bound each to each by natural piety

영국의 낭만파 시인인 윌리엄 워즈워스(William Wordsworth, 1770-1850)는 이 시에서 하늘의 무지개를 보며 받은 영감을 인상 깊게 그리고 있다. 워즈워스는 무지개를 볼 때마다 늘 가슴이 설레였으니 얼마나 행복한 사람인가! 어려서는 많은 사람들이 무지개로 가슴이 뛰지만, 어른이 되면 돈과 권력에 가슴이 뛴다. 생텍쥐페리는 "어린 왕자"에서 실은 코끼리를 소화시키는 보아 구렁이 그림인데, 어른들은 모자로만 보고서 무서워하

■ 생텍쥐페리, 『어린 왕자』 삽화

지 않는다고 투덜댄다. 어른들은 보이지 않는 것을 보지 못하고, 늘 설명해주어야 이해하고, 돈과 권력이 되는 것을 좋아한다. 어떤 의미에서 워즈워스가 말하는 것처럼 무지개를 볼 때 가슴이 설레고, 자연에 대해 경외감을 갖는 아이는 실로 어른의 아버지다.

여러분도 무지개나 무궁한 하늘과 넓은 바다와 울창한 산을 볼 때 자연에 대한 경외감을 느끼는가? 애플의 스티브 잡스(Steve Jobs)는 통찰을 얻고 싶을 때 윌리엄 워즈워스의 시를 즐겨 읽었다. 스티브 잡스가 창의적일 수 있었던 것은 무지개를 볼 때 가슴이 뛰는 사람이었기 때문이리라. 아이작 뉴튼에 대해 워즈워스는 "낯선 사유의 바다를 홀로 끝없이 항해하는 정신"이라고 표현했다. 잡스와 애플을 공동으로 창업한 로

■ 로널드 웨인, 애플의 오리지널 로고

널드 웨인은 애플 회사의 "사과" 로고와 애플I의 사용설명서를 만들었다. 그는 사용설명서 앞장에 사과나무 아래에서 뉴튼이 책을 읽고 있는 장면을 그린 뒤에 워즈워스가 뉴튼에 대해 묘사한 "뉴튼 … 사유의 낯선 바다를 끝없이 항해하는 지성"(Newton … a mind forever voyaging through strange seas of thought)이란 시구를 써넣었다. 애플은 단순히 테크놀로지로 만들어지지 않고, 그런 자유롭고 창의적인 사유를 하는 지성을 통해 만들어진 것이다.

많은 뛰어난 위인들은 자연에서 통찰을 얻는다. 자연에서 모티브를 얻어 깊은 사색과 창의력을 얻으며, 경외감으로 겸손해진다. 자연은 왜 이리 많은 사람들에게 통찰과 쉼과 겸손을 줄까?

자신을 알려주시는 하나님

그 이유를 한 마디로 말하면, 자연을 하나님께서 만드셨기 때문이다. 하나님이 만드셨으니 얼마나 잘 만드셨겠는가? 하나님은 하늘과 땅과 만물을 그리고 마지막으로 사람을 창조하신 후에 "보시기에 심히 좋았더라"고(창 1:31) 말씀하셨다. 절대적인 심미안을 가지신 하나님께서 보시기에 심히 좋았으니 세상 만물이 얼마나 잘 만들어졌는지 짐작할 수 있다. 하나님의 보이지 아니하는 것들 곧 그의 영원하신 능력과 신성이 만물에 새겨져 있다. 하나님은 만물을 통해 하나님을 알 만한 것을 사람들에게 보이신 것이다(롬 1:19-20). 그러므로 하늘과 땅과 자연만물을 가까이 대하고 자주 경험하고 깊이 관찰할수록 사람들은 어떤 경외감을 느낀다. 그 경외감의 실체를 정확하게 알지 못하더라도 사람의 수준을 넘어서는 초월성에 가슴은 설레고 겸손하게 된다.

세상 사람들은 마지막 심판 때 하나님을 믿지 않은 것에 대해 벌을 받는다. 그때 불신자들은 하나님을 알 기회가 없었다고 변명할 것이다. 하나님께서 자신들에게 하나님을 알도록 알려주셨다면 자신들도 하나님을 믿었을 것이라고 항변할 것이다. 그때 하나님은 창세로부터 하나님의 영원하신 능력과 신성이 하나님이 만드신 만물에 분명히 보여 알려졌으므로 핑계가 되지 않는다고 하신다. 하나님께서 하나님을 알 만한 것을 분명히 그들에게 보이신 것이다.

푸르른 산, 웅장한 바다, 끊임없이 밀려오는 파도, 계절의 순환, 광활한 우주, 빨갛게 물든 단풍, 다양한 동물의 모습, 쉬지 않는 심장의 맥박, 음식을 거뜬히 소화해내는 위, 지구의 자전과 공전 등을 생각해보라. 이 모든 일이 어떻게 하나님 없이 가능한가? 진화론자들은 이 모든 것들이 물질이 스스로 진화한 결과라 생각하고, 신자들은 하나님의 창조와 섭리라고 생각한다. 진화론자들은 물질에 이러한 능력이 있다고 믿고, 신자들은 하나님께 이러한 능력이 있다고 믿는다. 창조론과 진화론의 차이는 증거에 있지 않고, 증거를 바라보는 시각에 있다. 믿음이 있는 자만 모든 세계가 하나님의 말씀으로 지어진 줄을 알고, 보이는 것은 나타난 것으로 말미암아 된 것이 아님을 깨닫는다.

작가는 작품을 통해 말한다. 관객은 작품의 형식, 내용, 세련도 등을 보며 작가의 의도와 철학과 예술성을 헤아린다. 자연 만물은 하나님의 작품으로, 하나님의 영원하신 능력과 신성이 새겨져 있으므로 사람들은 자연에 경외감을 가지며 초월자를 느낀다. 자연 만물이 사람들의 수준과 능력으로 만들어지지 않음을 느끼며 막연하게나마 하나님을 느끼는 것이다. 하나님은 이렇게 자연을 통해 자신에 대해 알려주신다.

시간 속에서 벌어지는 다양한 역사도 하나님의 작품이다. 대부분의 나라에는 인과응보, 사필귀정, 뿌린 대로 거둔다, 콩 심은 데 콩 나고 팥 심은 데 팥 난다, 꼬리가 길면 밟힌다, 원수는 외나무다리에서 만난다에 해당하는 속담과 격언이 있다. 이것들은 역사가 우연히 진행되는 것 같지만, 어떤 흐름이 있어서 선한 자가 이기고 악한 자가 지도록 진행된다는 것을 나타낸다. 사람들은 어떤 존재와 시스템이 있어서 사람의 선행이 기억되고 보존되다가 그대로 결과를 받게 되는지 정확히 모르지만, 인생 경험과 역사를 통해 인과응보와 사필귀정이 작동됨을 아는 것이다. 이런 작동을 통해 막연히 섭리자 하나님을 느끼게 된다.

이런 것을 경험으로 느끼는 사람들은 억울한 일을 당했을 때 원수에게 "하늘이 무섭지도 않느냐?", "남의 가슴에 멍을 들게 하고 잘 살 것 같으냐?"라는 말을 남기며 분을 달랜다. 현행법 때문에 복수를 참기도 하지만, 하늘이 갚아줄 것을 바라며 복수를 참기도 한다. 하나님은 이렇게 시간을 통해 섭리의 하나님을 알려주신다.

그런데 하나님께서 세상 만물과 역사를 통해 하나님을 알려주실지라도 사람들은 하나님을 정확하게 인식하지 못한다. 그것은 하나님께서 정확하게 알려주시기 않기 때문이 아니라, 사람들의 인식과 분별에 근본적인 장애가 있기 때문이다. 자연과 역사에 대해 정확하고 상세하게 기록이 된 책이 있을지라도, 그 책을 읽는 자가 문맹자라면 그 책은 아무 소용이 없다.

지문은 사람마다 다르고 평생 변하지 않기 때문에 범죄 수사의 중요한 단서가 되고, 인장 대용으로 쓰인다. 지문 채취를 통한 개인 식별이 과학의 발달로 가능해졌다. 기원전 3000년 경에는 파피루스에 지문이 있을지라도 개인 식별이 가능하지 않았고, 지문이라는 개념조차도 없었다. 하지만 지금은 이집트의 파피루스에 남은 고대 이집트인의 지문도 채취할 정도다. 자연을 하나님의 지문이라고 하지 않는가? 자연 곳곳에 하나님의 존재와 능력을 보여주는 흔적들이 널려 있다. 그런데 사람의 부패로 말미암아 그것을 채취하고 식별하는 능력을 잃어버렸다.

성경은 사람들이 욕심과 무지와 고집으로 하나님을 알만한 것을 보고서도 하나님을 영화롭게도 아니하고 감사하지도 아니하고, 오히려 그 생각이 허망해지며 미련한 마음이 어두워져버린다고 말한다. 스스로 지혜 있다 하나 어리석게 되어 썩어지지 아니하는 하나님의 영광을 썩어질 사람과 새와 짐승과 기어 다니는 동물 모양의 우상으로 바꾸어버린다(롬 1:21-23). 자기중심적인 욕심과 고집을 버리고 마음을 열면 하나님의 창조물과 역사에서 하나님을 알 수 있는데, 자신의 생각에 갇혀 하나님을 보지 못하는 것이다. 욕심과 고집과 미혹을 거두어버리는 것이 사람에게는 불가능한 것이다. 하나님이 풍성하게 자신을 알려주심에도 사람들은 그 계시를 차버리고 있다. 이래서 기독교는 진리를 알기 위한 차원에서 죄의 존재와 그 해결을 강조한다.

언어로 더 알려주시는 하나님

하나님은 만물과 역사를 통해 자신을 알려주신 것 이외에 더 풍성하고 구체적인 것을 언어의 기록을 통해 알려주셨다. 우리는 만물을 통해 하나님께서 창조자이심을 알지만, 하나님께서 어떻게 만물을 창조하셨는지는 모른다. 그런데 성경은 언어를 통해 하나님께서 말씀으로 무에서 모든 것을 창조하셨음을 알려준다.

언어는 그림이나 음악보다 정확하게 내용을 전달한다. 한 장의 그림이 강렬한 인상을 사람들에게 안겨줄 수는 있지만 정확한 내용을 전달할 수는 없다. 초등학교 음악전담 교사로 근무하던 우리 교회 성도 한 분이 어느 주일 오후에 성도들에게 생상스가 작곡한 「동물의 사육제」의 한 소품을 들려주었다. 음악이 끝난 후 그 소품이 어떤 동물을 그린 것인지 맞추어보라는 질문이 주어졌다. 답은 사자였는데, 성도들은 다양하게 대답했다. 그 후에 그 성도는 하얀 종이와 필기구를 나누어주며 사자의 어떤 모습을 묘사한 것인지 그림으로 그려보라고 했다. 성도들은 사자가 초식동물을 잡아먹는 장면, 잠을 자는 장면, 서로 한가롭게

■ 에두바르트 뭉크, 절규(Scream)

장난치는 장면 등을 그렸다. 비발디의 사계를 듣고서도 어떤 계절을 그린 것인지 맞추기가 쉽지 않다.

뭉크의 「절규」보다 사람의 감정을 강렬하게 형상화한 것도 드물다. 핏빛의 하늘과 검푸른 굽이치는 물결은 소용돌이에 빠진 인간 감정이 탈출구를 못 찾아 절규할 수밖에 없음을 너무나 강렬하게 나타낸다. 그런데 이런 표현에 뭉크의 「절규」를 보는 이들이 모두 동의하는 것은 아니다. 각자 다르게 감상한다. 음악과 그림이 언어보다 더 강렬하게 이미지를 전할 수 있지만, 혼동되지 않게 정확히 전한다는 면에서는 언어를 따라갈 수 없다. "내일 아침 9시에 서울시청 앞에서 모입니다"라는 내용을 그림과 음악이 어떻게 정확하게 표현하겠는가?

하나님은 선지자들과 사도들을 통해 언어로 하나님 자신과 하나님의 뜻과 계획이 무엇인지 알려주셨다. 하나님은 이들에게 꿈과 환상과 현현을 통해 하나님의 뜻을 알려주실 뿐만 아니라, 그 뜻이 기록되게도 하셨다. 그 뜻이 기록되지 않고 입을 통해 전달되면, 기억의 한계를 인해 망각, 변형이 일어나기 때문이다. 또 문자로 기록되면 누구나, 언제든, 객관적으로 하나님의 뜻을 확인할 수 있기 때문이다. 이렇게 특별히 신자들에게 계시된 내용이 기록된 것이 바로 성경이다. 하나님은 일반인에게 알려주신 일반계시보다 더 풍성한 내용을 특별히 신자들에게 알려주시고, 이것이 성경으로 기록되어 객관적으로 후세에게도 온전히 전달되게 하신 것이다.

성경은 하나님의 선지자들과 사도들이 기록했지만 절대로 사람들의 기록물이 아니라, 사람들이 하나님께서 말씀하시고 영감해주신 것을 기록한 것이다. 사무엘하 23:2은 "여호와의 영이 나를 통해 말씀하심이여 그의 말씀이 내 혀에 있도다"라고 말한다. 선지자 자신이 말하기는 하지만 실은 여호와의 영께서 말씀하신다는 것이다. 이와 똑같은 의미가 "여호와께서 그의 손을 내밀어 내 입에 대시며 여호와께서 내게 이르시되 보라 내가 내 말을 네 입에 두었노라"(렘 1:9)를 비롯하여 성경 곳곳에 나온다. 모든 성경은 하나님의 감동으로 되었다고 말하는 디모데후서 3:16에서 "하나님의 감동"이란 "하나님이 숨을 부어넣으신(God-breathed)"이라는 뜻이다. 하나님께서 숨을 불어넣으시듯 하나님의 뜻을 불어넣으신 성경은 하나님의 뜻이 그대로 담긴 진리의 책이란 의미다.

기독교 외의 다른 종교들은 사람들이 신을 찾아가 신을 만든다. 따라서 사람들이 그 신이 주장하는 내용까지도 만든다. 이에 반해 기독교는 유일하게 하나님께서 사람들을 찾아오셔서 하나님의 진리를 계시한다. 진리는 사람이 만들거나 찾아내는 것이 아니다. 사람이 만든 진리는 사람이 한계를 지니므로 근본적으로 한계를 지닐 수밖에 없다. 하나님께서 사람들에게 나타나셔서 직접 계시하여 주신 내용만이 영원한 진리이고, 그것이 기록된 성경만이 시대와 지역을 뛰어넘는 객관적 판단 기준이 된다.

성경에 따른 사색

사람의 지정의는 오염되어 올바른 인식을 할 수 없음을 앞에서 살펴보았다. 사람들이 만든 학문, 예술, 과학, 전통 등은 나름 가치가 있지만, 정확한 인식이 불가능한 사람들에게서 나온 결과물이기에 완벽하지 않다. 학자를 비롯해 모든 사람들은 시대의 자식이다. 현대 과학의 발달로 초등학생도 알 수 있는 세포와 바이러스에 관하여 소크라테스나 플라톤 같은 위대한 철학자들도 알지 못했다. 물리학의 주장은 새로운 연구와 발견을 통해 계속하여 수정된다. 정치, 경제, 법, 경영, 심리와 같은 인문·사회학은 더 빈번하게 이론이 수정된다.

　학문이 이러한데, 전통과 문화는 얼마나 사람들의 편견과 오류의 영향을 받는지 모른다. 이것들은 시간과 장소에 따라 변화한다. 똑같은 행동이 서양에서는 적합하게 여겨지지만 동양에서는 틀리게 여겨진다. 과거에는 금지되었던 행동이 현대에서는 오히려 권장되기도 한다. 법과 전통과 학문과 문화는 인식의 한계를 지닌 사람들에 의해서 만들어진 것이기 때문에 시간과 장소를 초월한 절대 기준과 내용이 될 수 없다. 오직 하나님의 뜻이 계시된 성경만이 절대 기준과 내용이 된다. 문화는 게다가 문화지체현상'과 같이 수정되는 데 시간이 오래 걸리기까지 하니 현재 통행되는 문화와 전통이라고 하여 절대적으로 옳은 것이 결코 아니다. 그러므로 신자들은 학문, 과학, 전통, 문화 등에 의거하여 최종 판단을 하면 안 된다. 오직 성경에 근거하여 판단해야 한다.

① 간통죄의 위헌 판결

간통과 낙태에 관한 우리나라 법률의 변화를 통해 사람의 지정의에 의해 만들어진 법률, 학문, 전통이 얼마나 불안정한 것인가를 살펴보자. 1991년 12월에 영국 애버딘(Aberdeen) 대학교에서 석사 공부를 할 때, 학생회가 에이즈의 날 행사의 일환으로 학생들에게 콘돔을 나눠주었다. 에이즈를 피하기 위해 절제와 순결을 강조하는 대신에 콘돔 사용을 홍보하는 것은 나에게 문화적 충격이었다. 그런데 한국의 대학들도 2010년대에 들어서며 성병, 에이즈, 임신을 피하기 위해 절제와 순결 대신에

---

* 문화지체현상이란 물질문화의 변동 속도를 비물질문화가 따라가지 못하는 현상이다. 예를 들면 자동차나 스마트폰의 기술 발전 속도를 문화가 따라가지 못한 것이다. 우리나라는 자동차 생산력에 있어서는 세계에 손꼽히지만 교통 문화는 그보다 떨어지고, 스마트폰과 인터넷의 기술 수준도 세계적이지만 사용 예절, 불법 다운로드, 댓글 등은 발전이 더디다.

콘돔을 나누어주기 시작했다. 내가 대학생일 때에는 콘돔이라는 단어만 들어도 낯부끄러워 했는데 지금은 순결에 대한 인식이 크게 바뀌었다. 한국의 성에 대한 인식이 20년여의 시차를 두고 서구를 따라가는 셈이다.

2007년 10월에 가수 A와 간통한 혐의로 불구속 기소된 B씨는 간통을 부끄러워하기보다 2008년 1월에 간통죄의 위헌심판 제청을 신청했다. 헌법재판소는 2008년 10월에 합헌 4인, 위헌 4인, 헌법불합치 1인의 의견으로 합헌 결정을 내렸다. 하지만 그로부터 6년이 지난 2015년에는 위헌 결정을 내렸다. 2013년에 사법연수원에서 교육을 받던 유부남 C와 여자 D는 간통해 사법연수원으로부터 파면과 정직의 징계를 받았는데, 유부남 C가 이에 불복하여 간통죄의 위헌심판 제청을 신청했다.

이에 대해 헌법재판소는 2015년 2월 26일에 형법 제241조 "배우자 있는 자가 간통한 때에는 2년 이하의 징역에 처한다"라는 간통죄는 "헌법상 보장되는 성적 자기결정권 및 사생활의 비밀과 자유를 제한한다"라며 7대 2로 위헌 판결했다. 헌법재판소는 "결혼과 성에 관한 국민의 의식이 변화되고, 성적 자기결정권을 보다 중요시하는 인식이 확산됨에 따라, 간통행위에 대해 이를 국가가 형벌로 다스리는 것이 적정한지에 대해서는 이제 더 이상 국민의 인식이 일치한다고 보기 어렵게 되었다. 또한 비록 비도덕적인 행위라 할지라도 본질적으로 개인의 사생활에 속하고 사회에 끼치는 해악이 그다지 크지 않거나 구체적 법익에 대한 명백한 침해가 없는 경우에는 국가권력이 개입해서는 안 된다는 것이 현대 형법의 추세이고, 이에 따라 전 세계적으로 간통죄는 폐지되고 있다. 혼인과 가정의 유지는 당사자의 자유로운 의지와 애정에 맡겨야지, 형벌을 통해 타율적으로 강제될 수 없는 것이다"라고 설명하며, 과잉금지원칙에 위배되어 헌법에 위반된다고 결론지었다.

헌법재판소의 판결문이 말하는 것처럼 헌법은 결혼과 성에 대해 절대 기준을 갖지 않고 국민의식에 따라 변화한다. 요사이 어떤 행위가 비록 비도덕적일지라도 사회에 끼치는 해악이 크지 않다면 국가권력은 개입하지 않으려고 한다. 어떤 행위가 사회에 기치는 해악이 크지 않다면, 국가는 도덕적, 윤리적 판단을 하지 않고, 당사자의 자유에 맡기려는 것이다. 이런 이유로 간통은 우리나라에서 이제 더는 형법상 죄가 아니다. 법은 사람이 만들기 때문에 나름 합리성과 적합성을 갖지만 동시에 한계를 갖는다. 법은 시대의 흐름에 따라 변경함으로써 사람의 변하는 욕구와 가치에 맞추어야 한다.

② 자기결정권, 행복추구권, 과잉금지원칙 ↔ 외적인식원리 성경
일반 국민은 헌법 제10조*의 자기결정권과 행복추구권을 자신들의 소견에 따라 육신과 안목의 정욕을 추구하는 방식으로 해석하고 있다. 일반 사람들은 기본적으로 육체의 욕심을 따라 지내며 육체와 마음의 원하는 것을 한다. 시대가 흐를수록 성경의 가치에 위배되는 법과 제도와

---

* 모든 국민은 인간으로서의 존엄과 가치를 가지며, 행복을 추구할 권리를 가진다. 국가는 개인이 가지는 불가침의 기본적 인권을 확인하고 이를 보장할 의무를 진다.

문화가 득세하기 쉽다. 성경은 하나님을 왕으로 모시지 않는 자들의 특성을 자기 소견에 옳은 대로 행하는 것이라고 표현한다(삿 21:25). 헌법재판소가 판결문에서 사용한 자기결정권, 행복추구권, 과잉금지원칙이라는 단어들은 이미 성경에서 "사람이 각기 자기의 소견에 옳은 대로 행하였더라"는 구절로 표현되었다.

일반 사람들은 법과 전통과 문화와 학문에 따라 판단한다. 이것들은 가변적인 사람들에 의해서 만들어진 것이다. 하지만 성경은 불변하신 하나님께서 계시해 주신 것이다. 성경은 시대와 장소를 떠나 만고불변의 유일한 법칙이다. 현행 법률은 간통과 낙태가 죄가 아니라고 할지라도, 신자에게는 성경에 따라 여전히 죄가 된다. 성경은 음욕을 품고 여자를 보는 자마다 마음에 이미 간음했다고 하므로, 신자는 몸으로 실제 행하는 간음만이 아니라 마음으로 상상하는 것까지 거룩함을 유지해야 한다. 신자는 자기결정권을 행사하되 성경에 의거하여 결정해야 하고, 행복추구권을 사용하되 성경 내에서 행복을 추구해야 한다. 성경은 절대로 우리의 자유를 과잉되게 금지하지 않고, 오히려 자유와 행복과 평안이 하나님의 과잉된 은혜로 주어졌음을 알려준다. 신자는 성경이 가는 만큼 가고, 멈추는 곳에 멈추어야 한다. 신자에게 옳고 그름을 판단하는 외적 기준은 절대로 법과 전통과 문화와 학문과 여론과 다수결이 아니라, 오직 성경이다. 성경만이 신자의 외적 인식 원리다.

세상을 향한 교회의 대처

바울은 고린도교회가 아버지의 아내를 취한 음행자를 통한히 여기지 않고, 그들 중에서 쫓아내지 않자 크게 책망했다. 그런데 바울이 음행자들을 쫓아내고 사귀지 말라고 했는데, 이것은 이 세상의 음행자들이나 탐심자들이나 우상 숭배자들을 도무지 사귀지 말라는 뜻이 아니다. 바울은 세상 사람들은 으레 그렇게 사는 것이므로 만약에 신자들이 이들을 사귀지 않는다면 세상 밖에 나가 살아야 한다고 말했다.

신자들은 형제라 일컫는 자가 음행과 탐욕과 우상 숭배와 속여 빼앗음을 하면 사귀지도 말고 함께 먹지도 말아야 한다. 그렇다면 밖에 있는 불신자들을 누가 정죄하고 판단하는가? 바로 하나님께서 심판하신다. 신자들은 교회 안에 있는 사람들을 판단하고, 악한 자들을 그들 중에서 내쫓으면 자신들이 해야 할 몫을 다한 것이다. 나머지는 하나님께서 하실 일이다.

신자들이 간통과 낙태와 동성애의 불법을 강조할 때 명심해야 할 것이 있다. 신자들이 이것들을 행하는 비율이 비신자들보다 낮기는 하지만 월등히 낮지 않다는 것이다. 우리와 가까운 선한 교인이 바로 이런 행위들을 한다. 교회가 이런 도덕과 윤리를 너무 강조하면, 교인들은 모두 거룩한 척 하지만, 남들이 보지 않는 곳에서 일그러진 행위를 할 수 있다. 현진건의 「B사감과 러브레터」에서의 B사감과 같이 욕망을 변태적으로 분출하는 일이 교인들에게서 벌어질 수 있다. 우리는 성도들이 육체와 마음의 욕구를 성경적으로 건강하게 해소하도록 가르치고 도와야 하고, 동시에 성도들이 그런 죄를 범할 때에는 무엇보다 사랑으로 대하고, 재기하도록 격려해야 한다. 하나님의 말씀을 잘 드러내되, 우리의 죄를 용서하시는 하나님의 은혜와 사랑이 동시에 강조되어야 한다.

교회는 세상을 향해서 성경의 가치를 잘 드러냄으로 좋은 영감과 통찰을 주어, 그들로 좋은 법과 제도와 문화를 형성하도록 이끌어야 한다. 악법이 폐지되고 선한 법이 만들어지도록 여론을 만들어가야 한다. 우리는 앞으로 삶의 다양한 영역에서 자기결정권과 행복추구권과 과잉금지원칙이란 단어를 더욱 듣게 될 것이다. 세상 사람들은 자기 소견에 옳은 대로 더욱 할 것이다. 사회와 문화의 영향력은 숨 쉬는 공기만큼이나 보편적이기 때문에, 그 속에서 사는 신자들은 자신들도 모르는 가운데 영향을 받는다. 특히 가치관이 형성되기 전의 자녀들이 학교와 사회에서 당연한 것인 양 배운다. 신자들은 무엇이 옳은지 성경에 의거하여 잘 판단해야 하고, 성경에 의거한 성생활과 가정생활이 가장 행복하고 아름다움을 삶으로 보여줌으로써 문화화 되도록 노력해야 한다.

동시에 교회가 사회를 향하여 간통과 낙태와 동성애가 잘못되었음을 외칠 때 교회 내부의 거룩함에 더욱 신경을 써야 한다. 낙태와 동성애를 하지 않는 그리스도인들이 세습과 재정 횡령과 성적 일탈을 한다면 세상은 너희의 들보를 먼저 보라고 손가락질 할 것이다. 교회가 무엇이 옳은지 외치며, 동시에 거룩함을 추구할 때 세상은 교회의 목소리를 경청한다.

¹ 하늘이 하나님의 영광을 선포하고 궁창이 그의 손으로 하신 일을 나타내는도다 ² 날은 날에게 말하고 밤은 밤에게 지식을 전하니 ³ 언어도 없고 말씀도 없으며 들리는 소리도 없으나 ⁴ 그의 소리가 온 땅에 통하고 그의 말씀이 세상 끝까지 이르도다 하나님이 해를 위하여 하늘에 장막을 베푸셨도다 ⁵ 해는 그의 신방에서 나오는 신랑과 같고 그의 길을 달리기 기뻐하는 장사 같아서 ⁶ 하늘 이 끝에서 나와서 하늘 저 끝까지 운행함이여 그의 열기에서 피할 자가 없도다 ⁷ 여호와의 율법은 완전하여 영혼을 소성시키며 여호와의 증거는 확실하여 우둔한 자를 지혜롭게 하며 ⁸ 여호와의 교훈은 정직하여 마음을 기쁘게 하고 여호와의 계명은 순결하여 눈을 밝게 하시도다(시 19:1-8).

워즈워스가 하늘의 무지개를 바라보노라면 가슴이 설렌다고 했는데, 그 이유는 하늘이 하나님의 영광을 선포하기 때문이다. 하늘에 걸린 무지개는 하나님의 손으로 하신 일을 나타낸다. 하늘과 땅과 날과 밤에는 언어도, 말씀도, 들리는 소리도 없지만, 하나님의 소리가 온 땅에 통하고 세상 끝까지 이른다. 소리 없이 하나님의 소리와 말씀을 드러내는 것이다. 하나님은 해를 위하여 하늘에 장막을 베푸셨다. 신방에서 나오는 신랑과 같은 해도, 그 해가 달리며 뛰놀도록 펼쳐진 하늘이란 공간도 모두 소리 없이 하나님의 영원하신 능력과 신성을 소리치고 있다.

그런데 우리에게 들려진 여호와의 소리, 여호와의 율법은 하늘과 궁창과 날과 밤보다 더 분명하게 우리를 향한 여호와의 뜻을 알려준다. 여호와의 율법은 완전하고, 여호와의 증거는 확실하여 우리를 지혜롭게 하고, 우리의 눈을 밝게 한다. 영원하시고 무한하시고 불변하신 하나님은 유한하고 변하는 사람에게 자신을 은혜로 이렇게 알려주신다. 하나님의 그 낮아지시는 은혜를 인해 초월자 하나님을 우리의 유한한 지력으로 알게 되니 감사할 뿐이다!

1. 윌리엄 워즈워스의 「하늘의 무지개 바라보노라면」을 낭독해봅시다. 감상의 소감을 나누어봅시다. 여러분은 가끔 시를 읽습니까?

2. 여러분은 인생을 살면서 어떤 경우에 하나님을 느낍니까? 자연이나 역사나 양심에서 하나님을 느낍니까?

3. 몽크의 「절규」를 본 소감을 나누어봅시다. 언어와 그림과 음악과 무용 중 무엇이 전하는 내용을 강렬하게 전할 수 있습니까? 또 무엇이 전하는 내용을 정확하게 전할 수 있습니까?

4. 여러분은 간통죄가 위헌 판결 받은 것에 대해 어떻게 생각합니까?

5. 자기결정권, 행복추구권, 과잉금지원칙에 대한 여러분의 생각을 나누어봅시다.

6. 신자들은 형제라 일컫는 자가 음행과 탐욕과 우상 숭배와 속여 빼앗음을 하면 어떻게 해야 합니까?

7. 시편 19:1-8을 낭독해봅시다. 여러분은 하늘과 해에서 하나님의 영광을 느낍니까? 여러분은 여호와의 말씀을 통해 마음이 기뻐지고 눈이 밝아집니까?

제3장

창조

모든 것의 기원

프랑스 후기인상파 화가로 분류되지만 정작 본인은 인상파와 잘 어울리지 않았던 폴 고갱(Paul Gauguin, 1848-1903)은 아래 작품을 1897년에 완성했다. 고갱은 이 그림을 통해 무엇을 그리고자 했을까? 힌트가 있다면, 입자가속기가 설치된 제네바의 유럽 원자핵 공동 연구소(CERN)의 벽면에 이 그림이 걸려 있다.

입자가속기는 물질의 기본 구조와 원리가 무엇인지를 규명하기 위해, 원자핵이나 기본 입자를 빛의 속도에 가깝게 빠른 속도로 가속시켜 충돌시키는 장치이다. 물질이 어떻게 존재하는지 알고자 하는 것은 사람의 기본적 호기심에 속한다. 아래의 그림은 연구소가 입자가속기를 통해 무엇을 알고자 하는지를 나타내는데, 아래 작품의 제목이 「우리는 어디에서 왔고, 우리는 무엇이며, 우리는 어디로 가는가」(Where Do We Come From? What Are We? Where Are We Going?)이기 때문이다.

■ 폴 고갱, 우리는 어디에서 왔고 우리는 무엇이며 우리는 어디로 가는가

너비 4.5미터, 높이 1.7미터의 이 작품 상단의 왼쪽에는 제목을, 오른쪽에는 자신의 서명을 넣었다. 고갱은 1898년에 몽프레라는 지인에게 이 작품을 자세히 설명하는 편지를 보냈다. 그는 딸을 잃은 충격 등으로 자살을 결심했는데, 그 전에 위대한 작품을 하나 남기고자 했단다. 그는 오른쪽 밑의 잠든 아이, 그 옆의 웅크리고 앉은 세 여인, 그 뒤의 대화하는 두 사람, 원근법이 무시된 쭈그리고 앉아 손을 쳐든 채 무언가를 바라보는 사람에 관하여 간단히 언급한 후에 이들은 모두 자신의 운명을 생각하는 거라고 말했다. 이어서 그는 과일을 따려는 사람, 아이와 고양이 두 마리, 하얀 염소, 내세를 가리키는 듯한 우상, 우상의 설교를 듣는 듯한 쭈그리고 앉은 사람, 임종이 임박한 노인을 차례로 열거했다. 그는 노인은 모든 것을 체념한 체 운명에 맡긴 듯한 모습이라고 설명했고, 흰색 새가 도마뱀을 움켜잡고 있는 것은 헛된 맹세의 덧없음을 나타낸 거라고 설명했다. 그는 편지의 끝머리에서 로마 미술학교 학생들이 이 그림이 무엇을 나타내느냐고 묻는다면, "우리는 어디에서 왔으며, 우리는

무엇이며, 우리는 어디로 가는가?"라고 답하겠다고 말했다.

그는 편지에서 이 작품을 자신의 가장 뛰어난 수작이라고 평하며 대상들에 대해 각각 미술적, 철학적으로 설명했다. 하지만 그는 각각의 대상이 왜 이런 의미를 갖는지에 대해서는 설명하지 못했다. 그는 이 그림에서 사람의 태어남과 삶과 죽음을 그리고 있는데, 우리 중 누가 사람의 태어남과 삶과 죽음에 대해 모르겠는가? 인생을 조금이라도 산 이라면 모두 태어남과 삶과 죽음을 일상처럼 경험한다. 정작 사람들이 모르는 것은 태어난 아이가 정확히 어디서 오는가, 무엇을 위해 살아야 하는가, 죽어서 정확히 어디로 가는가이다. 존재의 근원을 탐구하는 제네바의 연구소와 고갱의 그림은 존재의 근원을 탐구함에도 정확하게 알지 못한다는 면에서 공통점을 갖고 있다. 시인 강제윤도 사람이 어디서 와서 어디로 가는지 끝내 답을 얻을 수 없다고 하더라도 물음을 멈출 수 없다고 말한다.

우리는 어디서 와서 어디로 가는가

온 곳을 모르니 갈 곳을 모른다 말하지 마라

우리는 모두 어딘 가로부터 왔으므로 종국에는 어딘 가로 갈 것이니

끝내 답을 얻을 수 없다해도 묻고 또 물을 뿐

물음을 멈출 수 없다

오늘도 나는 묻는다

우리는 모두 어디로부터 왔는가

우리는 모두 어디로 가고 있는가

사람은 산은, 바다와 이 지구는 또 어디에서 와서 어디로 가는가*

존재의 근원

모든 것을 의심하며 가장 확실한 것으로부터 출발하여 흔들리지 않는 정확한 지식들을 갖고자 했던 데카르트의 출발점은 "나는 생각한다. 고로 존재한다"였다. 다른 모든 것은 옳은지 그른지 확실하지 않았지만, 그것을 의심하는 자기 자신이 존재한다는 것만은 확실하다는 것이다. 그만큼 존재는 우리의 모든 사고와 활동의 근본이다. 우리가 하는 모든 생각과 근심과 의지와 불안은 모두 우리가 존재하기 때문에 발생하는 것들이다. 비존재자에게는 의식 자체가 없고, 의미와 선악과 미추도 없다. 무라는 개념도 없는 절대 무이다.

그렇다면 나라는 존재는 어디서 왔는가? 가장 쉬운 답은 나의 부모다. 나의 부모는 누구로부터 왔는가? 할아버지와 할머니다. 이렇게 위로 올라가면 첫 조상이 나온다. 그렇다면 그 첫 조상은 누구로부터 왔는가? 진화론이 말하는 것처럼 사람은 긴 시간 동안에 단세포를 거쳐 진화한

---

* 강제윤, 「우리는 어디서 와서 어디로 가는가」. 출처: http://www.ohmynews.com/NWS_Web/View/at_pg.aspx?CNTN_CD=A0000167004

것인가?

생명체만이 아니라, 무생물의 존재도 신비하다. 만물이 존재하려면 시간과 공간이 필요한데, 시간과 공간은 어떻게 존재하는지도 신비하다. 시간의 끝은 무엇을 의미할까? 공간에 끝이 있다면 그 끝은 무엇으로 채워질까?

의외로 많은 종교들이 이 문제에 대해 정면으로 답하지 않는다. 불교만 해도 독화살이란 비유를 들어 회피한다. 석가모니가 인생의 처음과 끝이 무엇인지 질문하는 이에게 독화살에 맞은 사람은 먼저 독화살로 인한 병을 치료해야지 이 독화살이 어디서 날아왔고, 어떤 재료로 만든 것이냐고 탐구해서는 안 된다고 답했다. 물론 맞는 말이다. 하지만 독화살로 인한 병을 치료한 후에는 독화살의 정체에 대해 규명해야 하지 않는가? 언제까지 치료만 하고 있을 것인가? 또 정확한 치료는 독에 대한 정확한 규명을 통해 이루어지지, 무조건 치료한다고 되는 것도 아니다.

인생의 근본 질문에 대해 성경은 회피하지 않고 정면으로 답을 말해 준다. 성경의 첫 장, 첫 구절이 "태초에 하나님이 천지를 창조하시니라" 이다. 이어서 하나님께서 만물을 창조하신 내역에 대해 자세히 기술한다. 하나님은 모든 것을 만드신 후에 자신의 형상대로 사람을 만드셨다. 이처럼 창조자 하나님은 모든 만물의 근원이시다. 천지만물과 사람은 존재의 모든 것을 하나님께 빚지고 있다.

말씀으로 무에서 창조

사람이 존재하지도 않을 때에 하나님은 사람의 존재를 생각하시고 기뻐하시어, 사람에게 존재를 주시겠다고 작정하셨다. 하나님은 이렇게 사람을 크게 사랑하신 것이다. 하나님은 먼저 만물이 존재하는 틀과 환경으로 하늘과 땅(시간과 공간)을 만드셨다. 그 후 빛과 물과 흙과 바다와 강을 만드시고, 식물과 동물을 만드시고, 마지막으로 사람을 만드셨다. 사람이 피조 세계의 주인공이기 때문에 가장 늦게 만드셨다. 사람이 살 수 있는 모든 환경을 조성하신 후에 사람을 만드셨다.

그렇다면 하나님은 천지 만물을 어떻게 창조하셨는가? 말씀으로 창조하셨다. 히브리서 11:3은 모든 세계가 하나님의 말씀으로 지어졌다고 말한다. 창세기 1:3은 하나님께서 빛이 있으라 하시니 빛이 있었다고 말한다. 하나님께서 말씀으로 창조하셨다는 것은 창조하실 때 말씀 이외에 다른 어떤 것도 필요하시지 않았다는 뜻이다. 그렇다고 하여 "말씀"이라는 수단이 필요했다는 것이 아니라, 하나님께서 뜻하시고 의지하신 것이 그대로 구현이 되었다는 의미다. 하나님께서 아무런 존재도 없는 속에서 사람처럼 입으로 "빛이 있으라"고 외쳤다는 것은 이상한 일이다. 말이란 말을 하는 당사자의 뜻과 의지를 가장 빠르고 정확하게 나타낸다. 하나님은 창조하실 때에 사람처럼 입으로 말을 하고, 손과 발로 구체적 노동행위를 하셔야 되는 것이 아니다. 하나님은 전능하시기 때문에 뜻하시고 원하시고 의지하시는 것이 그대로 실행으로 옮겨진다. 하나님의 작정하심과 실행하심 사이에는 아무런 차이가 없다.

보이는 것은 나타난 것으로 말미암아 된 것이 아니다(히 11:3). 보이는 모든 것은 하나님의 말씀으로 지어졌다. 사람은 무엇을 만들 때 재료가 있어야 한다. 사람은 "언어"가 없이는 생각하는 것조차 가능하지 않다. 사람이 하는 모든 것에는 재료와 수단이 있어야 한다. 사람은 하나님께서 만드신 천연자원 없이 아무것도 하지 못한다. 그런데 하나님은 무에서 유를 만드신다. 전능하시기 때문에 가능하다. 하나님은 무에서 창조하시기 위하여 오랫동안 힘들게 노동하실 필요도 없다. 사람은 대단위 아파트 단지나 긴 다리를 건설하는 데 몇 년이 걸리지만, 하나님은 원하시어 말씀하시는 순간에 바로 이루어진다. 보이는 것의 최초의 원인과 재료는 나타난 것이 아니라 하나님이시다.

> 믿음으로 모든 세계가 하나님의 말씀으로 지어진 줄을 우리가 아나니 보이는 것은 나타난 것으로 말미암아 된 것이 아니니라(히 11:3).

> 여호와의 말씀으로 하늘이 지음이 되었으며 그 만상을 그의 입 기운으로 이루었도다(시 33:6).

> 그가 말씀하시매 이루어졌으며 명령하시매 견고히 섰도다(시 33:9).

> 그것들이 여호와의 이름을 찬양함은 그가 명령하시므로 지음을 받았음이로다

(시 148:5).

나 여호와가 말하였은즉 그 일이 이루어질지라(겔 24:14).

나 여호와가 말하였으니 이루리라(겔 36:36).

하나님께서 만상을 그의 입 기운으로 이루셨다는 것은 만상을 다른 재료와 수단 없이, 즉 무에서 이루셨다는 뜻이다. 만상이 존재하는 데 하나님의 입 기운이 사용되었지, 기존의 재료나 생산도구가 사용되지 않았다. 하나님은 무에서 존재가 있게 하는 능력을 지니셨다. 이 능력이 펼쳐지는 것을 시편 33:6은 "그의 입 기운으로"라고 표현했다. 입 기운이라고 해서 하나님께서 입으로 숨을 불으시듯 혹 불으셨다는 의미가 아니다. 하나님은 사람과 같은 입이나 기운을 갖고 계시지 않고 필요로 하시지 않는다. 누워서 식은 죽 먹기보다 더 쉬운 것이 입으로 숨을 부는 것인데, 하나님은 그렇게 간단한 시도로 만상을 존재케 하신다.

하나님께서 말씀하시면 모든 것이 이루어지고, 명령하시면 모든 것이 견고히 선다(시 33:9). 로마서 4:17은 "하나님은 죽은 자를 살리시며 없는 것을 있는 것으로 부르시는 이시니라"라고 말한다. 죽은 자를 누가 살릴 수 있는가? 죽은 자에게 생명을 주시는 분은 무에서 창조하시는 하나님만 가능하고, 없는 것을 있는 것으로 부르시는 이는 바로 무에서 말씀으로 창조하시는 하나님을 뜻한다. 여호와께서 뜻하시고 말씀하시면 그대로 이루어진다(겔 24:14, 36:36).

하나님께서 빛을 말씀으로 창조하실 때에 빛의 수준은 어떠했을까? 창조된 빛은 하나님이 보시기에 좋았다. 사람들이 보기에 좋은 것이 아니라, 하나님이 보시기에 좋았다. 그러니 그 수준과 질이 얼마나 높겠는가? 빛은 하나님의 작품이기에 1초에 30만 km를 어디서나 달리며 밝음과 따뜻함을 만물에게 선사한다. 중력은 꾸준히 작동되어 사과를 비롯한 만물이 아래로 떨어지게 한다. 지구는 하루에 한 바퀴를 스스로 도는데 늘 일정한 속도로 돈다. 지구가 화가 나거나 게으름이 생겨 더 빨리 달리거나 더 늦게 달리면 하루 24시간 법칙은 깨지지 않는가? 1년 365일이라는 과학적 사실도 지구가 태양을 한 바퀴 돌 때 늘 꾸준히 같은 속도로 달리기 때문이다. 이 모든 것이 하나님께서 보시기에 좋을 수준으로 창조하셨기 때문이다.

명인이 명품을 만든다. 하나님은 만드신 창조물을 통해 하나님의 영원하신 능력과 신성을 나타내신다. 사람들이 겸손하고 신중하고 지혜롭게 피조물을 관찰하면 만물이 하나님의 작품임을 알 수 있다. 그런데 사람들은 기업들이 만든 스마트폰, 자동차, 인터넷, 건축물 등에 대해서는 환호하지만, 사람들이 결코 만들 수 없는 세포와 나무와 낙엽과 우주를 보면서 환호하지 않는다. 일상과 평범함으로 여긴다. 공기와 물과 햇빛 없이 사람이 생존할 수 있는가? 생산과 예술 활동은커녕 생존도 하지 못한다. 하나님은 사람의 생존에 필수불가결한 것은 모두 공짜로 주셨다. 이것들을 어떤 개인이 독점할 수 있는 형태라면 소수의 권력자와 부자를 빼고는 생존이 안 되기 때문에 하나님은 이것들을 독점적으로 소유할 수 없게 만드셨다. 그런데 사람들은 이것들이 공짜라는 이유로 평범하게 여겨버린다. 피조물이 해야 할 큰일들 중의 하나는 눈을 들어 하나님의 피조물에서 영원하신 능력과 신성을 찾아 발견하는 것이다. 하나님의 창의성과 개성과 유머를 볼 줄 알아야 한다. 이것이 하나님에 대한 예배이고, 하나님을 영화롭게 하고, 즐거워하는 것이다.

초등학교 때 광합성의 세 요소는 물과 햇빛과 이산화탄소임을 배웠다. 과학은 이것을 발견했다. 어떻게 세 요소가 만나 광합성이 이루어지는지 그 복잡한 과정이 과학의 발전을 통해 점점 더 밝혀지고 있다. 그런데 왜 물과 햇빛과 이산화탄소가 만나면 광합성이 될까? 이 세 가지가 만나면 광합성이 되도록 누가 장치를 해놓았을까? 당연히 하나님이시다. 하나님은 단지 만물을 만드신 것이 아니라, 그 만물이 창조 이후에도 보시기에 심히 좋도록 잘 작동되게 하셨다. 나무가 자라려면 먼저 나무를 심고, 물과 양분을 주어야 한다. 그런데 이렇게 할지라도 하나님께서 자라게 하시지 않으면 나무는 자라지 못한다. 심는 이나 물 주는 이는 아무것도 아니되, 자라게 하시는 이는 오직 하나님뿐이시다(고전 3:7).

왜 만물은 중력을 가질까? 과학은 "모든 물체 사이에는 서로 당기는 힘이 작용하고, 그 힘의 크기는 질량의 곱에 비례하고 거리의 제곱에 반비례한다"는 것을 발견했지만, 왜 모든 물체 사이에는 서로 당기는 힘이 작용하는지 그 자체는 발견하지 못했다. 역시 작동되는 법칙의 근원을 파고들면, 과학의 수준으로는 해결이 되지 않고 미혹이 남는다. 세포와 물질을 계속 쪼개면 물질의 기원과 원리를 더 알지만 동시에 모르는 미혹의 영역도 커진다. 광합성과 중력과 같은 법칙도 그 근원은 하나님에게 있다. 진화론을 믿는 것은 물질 자체에 그러한 원인과 능력이 있다는 것이고, 창조론을 믿는 것은 하나님께서 물질의 존재와 작동 원리를 심어놓으셨다는 것이다. 진화론은 물질의 존재 원리를 계속 파고들며 많은 것을 발견했지만, 최종적으로 발견한 것의 존재와 작동 법칙은 어디서 온 것인지에 대해서는 여전히 모르고 있다.

성숙한 창조

세움교회당을 건축하는 데 8개월 정도의 시간이 걸렸다. 교회가 건축을 결정하고, 구청으로부터 건축허가를 받고, 설계사무소를 통해 설계도를 작성하고, 시공사를 선정해 시공하는 시간까지 모두 합하면 1년이 훌쩍 넘는다. 연산처리 속도가 세계 100위 이내에 드는 슈퍼컴퓨터는 제작하는 데 오랜 시간이 걸린다. 대형 유조선도 제작에 몇 년 걸린다. 아이는 엄마의 뱃속에서 9개월 반 있다가 세상으로 나온다. 이처럼 존재물의 형성에는 많은 시간이 걸린다.

그렇다면 하나님은 창조하실 때 어떠실까? 하나님께서 빛이 있으라 하시니 빛이 있었다. 하나님은 말씀으로 빛을 창조하셨기 때문에 다른 도구나 시간을 필요로 하시지 않는다. 숙성에 시간과 시행착오가 없다.

하늘과 땅과 물의 창조에도 시간이 필요하시지 않았다. 하나님은 "땅은 풀과 씨 맺는 채소와 각기 종류대로 씨 가진 열매 맺는 나무를 내라"(창 1:11)고 말씀하셨는데 그대로 되었다. 풀과 채소와 나무는 단세포에서 다세포로 진화하여 나타난 것이 아니라, 풀과 채소와 나무는 처음부터 완성체로 단번에 창조되었다. 물속의 생물과 하늘의 새도 하나님께서 명령하시자 성숙한 완성체로 창조되었다. 즉 "닭이 먼저냐? 계란이 먼저냐?" 논쟁에서 닭이 먼저인 것이다.

하나님은 "하늘의 궁창에 광명체들이 있어 낮과 밤을 나뉘게 하고 그것들로 징조와 계절과 날과 해를 이루게 하라 또 광명체들이 하늘의 궁창에 있어 땅을 비추라"(창 1:14-15)고 말씀하시자 그대로 되었다. 우주의 별들도 초기 먼지에서 지금의 성숙한 별들이 되지 않고, 처음부터 성숙한 완성체로 만들어졌다.

하나님은 모든 피조물을 만들어 사람이 살 수 있는 환경을 완벽하게 만드신 후에 마지막으로 사람을 만드셨다. 여섯째 날에 사람을 하나님의 형상대로 만드셨는데, 역시 다른 피조물들처럼 시간을 필요로 하시지 않았다. 여호와 하나님께서 땅의 흙으로 사람을 지으시고 생기를 그 코에 불어넣으시자 사람이 생령이 되었다. 사람은 단세포에서 다세포, 어류, 양서류, 조류, 포유류, 영장류의 단계를 거쳐 진화하지 않고, 하나님의 말씀에 의하여 진흙으로 하나님의 생기를 통해 창조되었다.

아담은 갓난아이가 아니라 성숙한 사람으로 창조되었다. 아담은 성숙하게 창조되었기 때문에 부모가 없어도 생존할 수 있었다. 하나님은 동방의 에덴에 동산을 창설하시고 아담을 거기에 두시고 경작하며 지키게 하셨다. 아담은 성숙하게 창조되어 경험과 교육 없이도 동산을 다스릴 수 있었다. 여호와 하나님은 흙으로 지은 각종 들짐승과 공중의 각종 새를 아담에게로 이끌어가셨는데, 아담은 모든 가축과 공중의 새와 들의 모든 짐승에게 맞는 이름을 주었다. 아담에게는 각 동물의 성질에 맞는 이름을 짓는 능력이 있었다.

하나님은 각종 들짐승과 공중의 각종 새, 그리고 사람을 흙으로 지으셨다. 여자는 아담의 갈빗대 하나로 만드셨다. 하나님께서 흙과 갈빗대 없이 각종 동물과 여자를 못 만드셔서가 아니라, 하나님은 이런 재료를 통해 만드시기를 기뻐하셨다. 창조는 무에서 이루어진 것만이 아니라, 본질에 적합하지 않은 재료로 만드신 것까지 포함한다. 사람을 포함하여 모든 동물은 죽은 후에 흙이 된다. 하나님께서 능력과 기운을 거두시면 생명체에서 즉시 원래의 성분인 흙으로 돌아간다. 하나님은 무에서 동물을 만드실 수도 있었지만 흙으로 만드심으로써 사람을 포함한 동물이 원래 흙에 지나지 않음을 인생으로 깨닫게 하신다.

무엇이 생명이고 죽음인지 신비하다. 오직 하나님의 능력과 의지만이 생명을 설명할 뿐이다. 생명과 죽음만이 아니라 존재 자체가 신비하다. 우리 주변에 널린 것이 존재들이지만, 그 존재들이 무에서 존재하게 된 것, 그리고 그 존재가 유지되는 데 얼마나 많은 능력이 필요한지 모른다. 존재들이 우리 주변에 일상으로 널려 있다 하여 그 가치를 모르면 안 된다. 기독교인은 무엇이 참으로 가치가 있는 것인지 분별해야 한다.

믿음으로 아는 창조론

그렇다면 모든 세계가 하나님의 말씀으로 지어졌고, 보이는 것은 나타난 것으로 말미암아 된 것이 아님을 사람은 어떻게 아는가? 왜 똑같은 식물과 동물을 보면서 어떤 이는 진화론을 믿고, 어떤 이는 창조론을 믿는가?

보이는 것은 나타난 것으로 말미암은 것이라고 보는 것이 진화론이다. 무생물이 단세포의 생물로 진화하고, 그 단세포가 긴 시간동안 진화하여 현재의 사람이 되었다고 생각한다. 진화론자는 물질에 그러한 능력이 있다고 여기는 것이고, 진화된 것은 그 이전의 단계로 말미암은 것이라고 본다. 이들은 하나님 대신에 물질이 그렇게 되는 전능한 능력을 스스로 갖고 있다고 본다.

그렇다면 진화론자는 처음 물질이 어떻게 존재했다고 보는가? 그리고 처음 물질이 존재할 때 그 근거와 틀이 되는 공간과 시간이 어떻게 존재했다고 보는가? 진화론자는 이에 대해서 답하지 않는다. 진화론자는 엄밀히 말하면 물질의 기원에 대해 다루지 않고, 이미 존재하는 물질이 어떻게 변화하고, 진화하는가를 다룬다. 과학은 반복되는 현상을 다루지, 경험되지 않은 현상을 다루지 않는다. 그것은 철학의 영역이다.

우주의 기원들 중 대부분의 과학자들이 받아들이는 이론은 빅뱅이론(big bang theory, 대폭발설)인데, 약 137억 년 전에 매우 높은 밀도와 온도의 한 점이 대폭발하면서 물질이 생성되었고, 이물질과 식어가는 에너

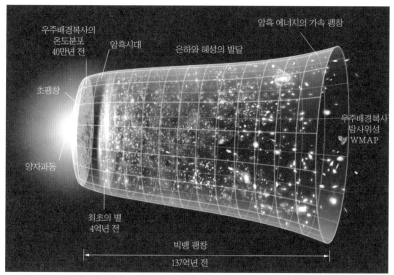

■ 우주 생성 연대표

지가 천체들을 형성했다고 본다. 세 가지의 경험적 증거가 제시되는데, 첫째는 우주 팽창이다. 허블(Edwin Powell Hubble)은 1929년에 망원경을 통해 외부 은하들이 우리 은하로부터 빠른 속도로 후퇴한다는 것을 발견하여 우주가 계속 팽창한다는 것을 경험적으로 관측했다. 그리고 우주의 팽창율을 이용하여 언제 빅뱅이 발생했는지 계산해보니 약 137억 년이라는 시간이 나왔다. 이래서 우주의 나이가 137억 년이 되었다.

둘째 증거는 우주배경복사다. 빅뱅 이론에 의하면 폭발에 의해 생겨나 매우 온도가 높았던 초기 우주는 팽창하면서 온도가 점점 내려가게되고, 그 결과 절대 영도에 가까운 우주배경복사가 우주의 모든 방향에서 마이크로파로 감지되어야 한다. 1940년대에 조지 가모프(George

Gamow)가 이를 주장했는데, 1964년에 펜지어스(Arno Penzias)와 윌슨(Robert Wilson)이 이에 대한 관측에 성공했다.

셋째 증거는 우주의 별과 은하를 이루는 원소 비율이다. 원소에 따라 선 스펙트럼이 다르게 나타나기 때문에, 천체의 스펙트럼을 분석해 우주의 원소의 분포를 알 수 있는데, 수소가 75%, 헬륨이 25%, 나머지 원소가 1%도 안 된다. 수소와 헬륨의 질량비가 3:1인데, 이것은 빅뱅 이론에서 이론적으로 계산한 수소와 헬륨의 질량비와 같고, 초기 우주의 조건 하에서는 헬륨 이외의 원소가 거의 만들어지지 않았을 것이라는 이론과도 잘 맞는다.

그런데 이러한 증거들이 있다고 해서 빅뱅 이론이 옳거나 증명된 것은 아니다. 빅뱅 말고 다른 이유들 때문에 이러한 증거들이 관측될 수 있는 것이다. 연속창조(continuous creation) 우주론을 주장하던 프레드 호일(Fred Hoyle)은 1949년에 BBC 방송과의 인터뷰에서 우주의 모든 물질이 과거의 어느 한순간에 '뻥'(Big Bang) 하고 만들어질 수 없다고 비판했다. 빅뱅이란 이름은 이 비판에서 유래되었다. 빅뱅 이론은 137억 년 전에 어느 한 점이 뻥하고 터지며 우연의 연속으로 현재와 같은 물질과 시공간이 만들어졌다는 주장이다. 하지만 그 한 점은 어떻게 생긴 것인지, 그 점에 어떤 요소들이 있기에 모든 물질과 시간과 공간이 생성되는 것인지에 대해는 답하지 못한다.

큰 바위를 바다 속에 던져보아라. 137억 년 동안 바다 속에 있으며 파도와 바람에 깎일지라도 절대로 스마트폰으로 바뀌지 않는다. 사람만이 아니라 모든 식물과 동물은 스마트폰보다 정교하다. 스마트폰과 컴퓨터를 만드는 사람들이 식물과 동물의 세포 하나를 못 만든다. 쌀이나 옥수수를 뻥튀기 기계 속에 넣고 가열하면 뻥 하는 소리를 내며 팽창된다. 어떤 사람의 말이 거짓말 같게 들리면 듣는 이들은 "뻥"이라고 말한다. 빅뱅 이론은 하나의 점으로부터 천지만물이 뻥이란 소리와 함께 터져 나왔다고 뻥을 치는 것이다. 그 하나의 점에서 천지만물이 나왔다고 하니, 그들은 그 하나의 점을 믿는 것이다.

창조론은 그 하나의 점 대신에 전능하시고 지혜로우시고 인자하신 하나님을 믿는 것이다. 시간과 공간과 만물과 사람을 무에서 창조하신 하나님을 믿는 것이다. 히브리서 11:3은 믿음으로 모든 세계가 하나님의 말씀으로 지어진 줄을 안다고 말한다. 창조론과 진화론은 각자의 이론을 지지하는 증거를 얼마나 갖느냐의 싸움이 아니라, 증거들을 보는 시각에 달린 싸움이다. 믿음이 있는 자는 직접적이고 즉각적인 통찰에 의거하여 보이는 것은 나타난 것으로 말미암아 된 것이 아님을 알고, 만물에서 하나님의 영원하신 능력과 신성을 찾아 발견하면서 하나님이 창조자이심을 전적으로 인정한다. 믿음으로 이 모든 것을 인식하는 것이다. 진화론자는 하나님 대신에 물질에게 자존성과 전능성이 있다고 믿는다.

사람의 창조

하나님은 사람을 어떤 피조물보다 귀하게 여기시어 마지막으로 창조하셨다. 사람이 살 수 있는 모든 환경을 설정하신 후에 사람을 창조하셨다. 사람이 빠진 피조 세계는 무의미한데, 이것은 노아 때에 사람이 부패하여 홍수로 죽음이라는 벌을 받을 때에 다른 동물도 죽임을 당한 것에서 알 수 있다. 사람이 이 땅에 존재하지 않는다면 다른 피조물은 존재 가치가 사라진다.

하나님은 물의 생물과 새를 창조하신 후에 복을 주시며 "생육하고 번성하여 여러 바닷물에 충만하라 새들도 땅에 번성하라"(창 1:22)고 하셨다. 그런데 사람의 창조 후에는 "생육하고 번성하여 땅에 충만하라, 땅을 정복하라, 바다의 물고기와 하늘의 새와 땅에 움직이는 모든 생물을 다스리라"(창 1:28)고 하셨다. 하나님은 사람에게는 더 많은 복을 주시어 모든 생물을 다스리게 하셨다. 사람이 만물의 영장이 된 것은 하나님께서 사람에게 다스릴 수 있는 능력을 주셨기 때문이다.

하나님은 오직 사람만 하나님의 형상대로 창조하시어, 모든 동물을 다스릴 수 있는 능력을 주셨다. 성경은 하나님의 형상을 지식(골 3:10), 의와 거룩함(엡 4:24)이라고 말한다. 이것을 학문의 용어로 지정의라고 표현할 수 있다. 사람이 모든 동물을 다스릴 수 있는 지정의를 갖는 것은 하나님께서 사람을 사랑하시어 복을 주셨기 때문이지 절대로 진화의 결과가 아니다. 사람은 언어의 동물, 사회적 동물, 놀이의 동물, 도구의 동물

등으로 불리는데, 하나님께서 지정의를 주셨기 때문에 이런 일이 가능하다. 물고기와 새가 특별히 배우지 않아도 헤엄치고 날듯, 사람은 하나님께서 주신 지정의를 발휘하여 이런 일을 쉽게 연출한다.

우리나라 헌법 제10조는 "모든 국민은 인간으로서의 존엄과 가치를 가지며, 행복을 추구할 권리를 가진다. 국가는 개인이 가지는 불가침의 기본적 인권을 확인하고 이를 보장할 의무를 진다"라고 말한다. 왜 사람은 태어나면서부터 기본적 인권, 즉 기본권이라는 것을 갖는 것일까? 이에 대한 가정 정확한 답을 성경이 말해준다. 즉 하나님께서 사람을 하나님의 형상으로 창조하셨기 때문이다. 모든 사람은 하나님의 형상대로 지음을 받았기 때문에 천부인권을 갖는다. 얼마나 많은 능력과 재산과 학력을 갖느냐에 상관없이, 어떤 인종과 국적과 지역이냐에 상관없이 사람은 그 자체로 귀하다. 사회에 경제적으로 기여할 수 없는 유아나 노인이나 장애인도 하나님의 형상을 인해 일반 사람과 똑같이 귀하다.

[1] 여호와 우리 주여 주의 이름이 온 땅에 어찌 그리 아름다운지요 주의 영광이 하늘을 덮었나이다 [2] 주의 대적으로 말미암아 어린 아이들과 젖먹이들의 입으로 권능을 세우심이여 이는 원수들과 보복자들을 잠잠하게 하려 하심이니이다 [3] 주의 손가락으로 만드신 주의 하늘과 주께서 베풀어 두신 달과 별들을 내가 보오니 [4] 사람이 무엇이기에 주께서 그를 생각하시며 인자가 무엇이기에 주께서 그를 돌보시나이까 [5] 그를 하나님보다 조금 못하게 하시고 영화와 존귀로 관을 씌우셨나이다 [6] 주의 손으로 만드신 것을 다스리게 하시고 만물을 그의 발 아

래 두셨으니 7 곧 모든 소와 양과 들짐승이며 8 공중의 새와 바다의 물고기와 바 닷길에 다니는 것이니이다 9 여호와 우리 주여 주의 이름이 온 땅에 어찌 그리 아름다운지요(시 8:1-9).

하나님의 손가락으로 만드신 하늘과 땅과 달과 별들을 보아라! 그 마음이 정직하고 맑은 자는 하나님의 영원하신 능력과 신성을 찾아 발견할 것이다. 온 땅에 퍼진 주의 아름다운 이름과 하늘을 덮은 주의 영광을 찾을 것이다. 하나님은 특별히 사람을 생각하시어, 하나님보다 조금 못하게 하셨다. 사람을 하나님의 형상으로 지으셨다는 것은 하나님보다 조금 못하게 지으시고 영화와 존귀로 관을 씌우셨고, 그 결과 사람은 주의 손으로 만드신 것을 다스릴 수 있고, 만물을 자신의 발아래 둘 수 있다는 의미다. 사람은 자신이 무엇을 할 수 있는 능력이 있으면 교만할 것이 아니라, 그 능력을 주신 하나님을 인해 겸손해 하며 그 능력으로 하나님과 사람을 섬겨야 한다.

33 깊도다 하나님의 지혜와 지식의 풍성함이여, 그의 판단은 헤아리지 못할 것이며 그의 길은 찾지 못할 것이로다 34 누가 주의 마음을 알았느냐 누가 그의 모사가 되었느냐 35 누가 주께 먼저 드려서 갚으심을 받겠느냐 36 이는 만물이 주에게서 나오고 주로 말미암고 주에게로 돌아감이라 그에게 영광이 세세에 있을지어다. 아멘(롬 11:33-36).

하나님의 지혜와 지식은 풍성하여 그의 판단과 길을 사람이 헤아릴 수 없고 찾을 수 없다. 사람은 사물의 근원과 끝을 인식하지 못하는 유한한 존재다. 하나님이 만드신 피조물의 존재 없이 과학은 존재할 수 없다. 과학의 진화론은 빅뱅의 그 일점에 모든 전능성을 부여하는 종교이고, 기독교는 창조주 하나님에게 전능성을 부여하는 종교다. 사람은 이 둘 중 어떤 종교를 받아들일 것인지 선택해야 한다. 우리 신자들은 만물이 주에게서 나오고, 주로 말미암고, 주께로 돌아간다고 고백한다. 고갱의 질문에 대한 우리의 답은 그 한 점에게 영광이 있는 것이 아니라, 오직 하나님에게만 영광이 세세에 있다는 것이다.

1. 폴 고갱의 「우리는 어디서 왔고, 우리는 무엇이며, 우리는 어디로 가는가?」를 감상하고 소감을 나누어봅시다. 여러분은 가끔 그림을 보고 전시회를 갑니까?

2. 여러분은 여러분의 존재와 하늘과 땅과 만물이 처음 어떻게 생겨났다고 생각합니까?

3. 하나님께서 말씀으로 세상을 창조하셨다는 것이 어떤 의미인지 나누어봅시다. 아울러 보이는 것은 나타난 것으로 말미암아 된 것이 아니라(히 11:3)는 말씀의 의미도 나누어봅시다.

4. 아담은 왜 교육과 경험이 없어도 에덴동산을 다스릴 수 있습니까? 성숙한 창조에 대한 여러분의 생각을 나누어봅시다.

5. 신자들은 모든 세계가 하나님의 말씀으로 지어진 줄을 어떻게 압니까? 빅뱅 이론은 하나님 대신에 매우 높은 밀도와 온도의 한 점이 약 137억 년 전에 대폭발함으로써 말미암아 물질이 생성되었다고 하는 것을 믿는 것입니까?

6. 하나님께서 사람을 하나님의 형상대로 창조하신 것의 의미를 나누어봅시다. 진정한 인권의 가치는 창조론에서 나옵니까? 진화론에서 나옵니까?

7. 시편 8편을 낭독해봅시다. 여러분은 하늘과 달과 별을 볼 때 하나님께서 만드신 것임을 느낍니까? 사람을 볼 때 하나님보다 조금 못하고 영화와 존귀로 관이 씌워진 것을 느낍니까?

제4장

섭리

우연의 필연

국화 옆에서
_ 서정주

한 송이 국화꽃을 피우기 위해
봄부터 소쩍새는
그렇게 울었나 보다.

한 송이 국화꽃을 피우기 위해
천둥은 먹구름 속에서
또 그렇게 울었나 보다.

그립고 아쉬움에 가슴 조이던
머언 먼 젊음의 뒤안길에서
인제는 돌아와 거울 앞에 선
내 누님같이 생긴 꽃이여.

노오란 네 꽃잎이 피려고
간밤엔 무서리가 저리 내리고
내게는 잠도 오지 않았나 보다.

한 송이의 국화꽃을 피우기 위해 봄마다 소쩍새는 운다. 하지만 소쩍새가 우는 것과 국화꽃이 피는 것에는 직접적 관계가 없다. 소쩍새는 자기가 좋아서 울 뿐이고, 먹구름 속에서 우는 천둥은 물리적 현상일 뿐이다. 그런데 이렇게 관계가 없어 보이는 것들이 결국에는 관계가 있다. 국화 하나의 꽃핌에 소쩍새와 천둥의 전 우주적인 참여가 있듯, 인제는 돌아와 거울 앞에 선 여인의 안정과 성숙에도 전 우주적인 참여가 있다. 인생을 살며 겪는 숱한 일들이 사람의 성숙과 깨달음에 영향을 미친다. 이러한 연관을 비그리스도인인 서정주 시인은 위와 같은 멋진 시로 표현해내었다.

국화의 개화 과정을 통해 어떠한 생명체라도 치열한 생명 창조의 역정을 밟고 태어난다는 것을 선명히 보여 주는 이 시는 불교의 연기론을 바탕으로 하고 있다. 불교에서는 어떤 일이 발생한다고 할 때, 그것이 단독으로 이루어지는 것이 아니며, 강한 힘을 부여하는 인과 약한 힘을 보태는 연과의 상호 결합의 결과로 본다. 이 시에서도 국화 자체의 힘과 소쩍, 천둥, 무서리가 봄부터 가을까지 작용함으로써 국화가 꽃을 피우는 것이다. 여기서 국화는 모든 생명체의 대유이자, 나아가 생명이 그러한 아름다움으로 승화된 상태의 상징이며, 동시에 시적 자아의 '누님'과 같은 40대 중년 여인이 도달할 수 있는 원숙하고 평온한 아름다움의 상징이기도 하다.*

위 글은 서정주의 「국화 옆에서」를 평하는 양승준 씨의 글이다. 무엇이 근본 원인과 힘이 되어 다른 제반 현상이 일어나는가에 관하여 철학과 여러 종교는 다루지 않을 수 없다. 이에 대해 불교는 모든 존재는 결과임과 동시에 원인이라고 본다. 상의상관성을 강조하지, 남을 떠나 홀로 존재하는 절대적 자존자를 인정하지 않는다. 그런데 불교는 도대체 어떤 존재와 시스템을 인해 이런 상의상관성과 인과응보가 작동되는지 답하지 못한다. 어떤 사람의 행위를 어떤 존재와 시스템이 인지하고 기억하여 시간이 흐른 후에 보답을 받게 하는지에 대해 말하지 못한다. 사물의 근원에 대해 말하지 못하면 당연히 이 사물의 작동과 끝에 대해서도 말하지 못한다.

---

* 양승준 외, 『한국 현대시 400선 2』(태학사, 1996). 출처: http://jinsk.tripod.com/Poem2.htm

창조하신 것을 책임지시는 하나님

하나님은 지으신 모든 것을 보시니 보시기에 심히 좋았다. 모든 피조물이 심히 좋았다는 것은 그 이후 작동에 있어서도 심히 좋았다는 것이다. 하나님이 만드신 우주도 창조 당시만 아니라 그 이후에도 한결같이 잘 작동된다. 중력은 천 년 전이나 지금이나 똑같이 작동된다. 나무에 매달린 사과는 만 년 전이나 지금이나 위가 아니라 아래로 떨어진다. 지구는 똑같은 속도로 자전과 공전을 하고, 물은 여전히 생명체의 필수 요소이고 갈증을 해소하고 더러운 것을 깨끗하게 한다.

느헤미야 9:6은 "오직 주는 여호와시라. 하늘과 하늘들의 하늘과 일월성신과 땅과 땅 위의 만물과 바다와 그 가운데 모든 것을 지으시고 다 보존하시오니 모든 천군이 주께 경배하나이다"라고 말한다. 하나님은 천지만물을 창조하실 뿐만 아니라 지금 이 순간에도 잘 작동되도록 붙들고 계신다. 하늘의 별이 떨어지지 않는 것은, 그리고 사과가 위가 아니라 아래로 떨어지는 것은 당연한 것이 아니라, 하나님께서 지금 이 순간에도 이렇게 작동되도록 천지만물을 붙드시기 때문이다.

하나님은 창조하실 때 중력의 법칙을 만물에 심어놓고 그 이후에는 만물이 스스로 그 법칙에 따라 작동케 하시지 않고, 매순간 만물을 붙드시며 만물이 심겨진 법칙대로 작동되도록 일하신다. 시계공이 시계를 만든 이후에는 더 이상 시계의 작동에 영향을 미치지 않고 시계는 스스로 작동하지만, 피조 세계는 하나님께서 붙드시고 통치하시는 섭리로 인

해 그 존재가 유지되고 작동된다. 시계도 하나님께서 붙드시지 않으면 그 순간에 산산조각 나며 존재 자체가 없어져버린다. 사람들은 무엇이 존재하려면 매순간 엄청난 능력이 필요하다는 사실을 과소평가하는 경향이 있다.

창조와 섭리는 분리되지 않는다. 창조 없는 섭리가 없고, 섭리 없는 창조 또한 없다. 창조는 만드는 순간만이 아니라, 만든 이후까지도 포함한다. 섭리는 창조된 것이 없는데 어떻게 가능한가? 그러므로 창조와 섭리는 똑같은 하나님의 한 행위인데, 창조는 무에서 만물을 존재케 하시는 만듦의 시점에서 바라본 것이고, 섭리는 창조 이후의 시점에서 바라본 것이다. 창조의 신비함과 풍성함은 섭리를 통해 나타난다. 하나님께서 존재를 주신 나무는 섭리 속에서 꽃이 피고 열매가 열린다. 섭리가 없다면 나무의 진면목을 알 수가 없다. 이것은 나무만이 아니라 모든 피조물에게 해당된다. 아담에게서 하나님의 형상이 풍성하게 드러나는 때는 창조 시점보다 에덴동산을 지킬 때다. 피조물을 향한 하나님의 뜻과 사랑과 능력은 섭리를 통해 더 높은 수준으로 드러난다.

> [1] 내가 산을 향하여 눈을 들리라 나의 도움이 어디서 올까 [2] 나의 도움은 천지
> 를 지으신 여호와에게서로다 [3] 여호와께서 너를 실족하지 아니하게 하시며 너
> 를 지키시는 이가 졸지 아니하시리로다 [4] 이스라엘을 지키시는 이는 졸지도 아
> 니하시고 주무시지도 아니하시리로다 [5] 여호와는 너를 지키시는 이시라 여호와
> 께서 네 오른쪽에서 네 그늘이 되시나니 [6] 낮의 해가 너를 상하게 하지 아니하
> 며 밤의 달도 너를 해치지 아니하리로다 [7] 여호와께서 너를 지켜 모든 환난을
> 면하게 하시며 또 네 영혼을 지키시리로다 [8] 여호와께서 너의 출입을 지금부터
> 영원까지 지키시리로다(시 121:1-8).

시편 기자는 자신이 받는 도움이 천지를 지으신 여호와로부터 온다
고 말한다. 오직 여호와만이 우리의 진정하고도 최종적 도움이 되신다.
여호와는 사람과 달리 영이시기 때문에 피곤하시지 않고, 주무시지 않
고, 늘 같이 하시어 지키신다. 여호와는 낮의 해와 밤의 달이 우리를 해
치지 않게 하시고, 환난과 같은 인생의 어려움도 해결해주시고, 궁극적
으로 우리의 영혼을 지켜주신다. 우리가 죽을 때에 우리를 지켜줄 존재
가 있는가? 친구도 부모도 배우자도 아무 도움을 주지 못하고 동행하지
못하는데, 하나님께서 동행하시어 하나님의 품안에서 쉬게 하신다. 우
리의 육신이 무덤에서 쉬다가 다시 부활하게 하시어 우리로 영생을 누
리게 하신다. 여호와께서 우리의 출입을 지금부터 영원까지 지키신다.

일상의 기적

9 하나님은 헤아릴 수 없이 큰 일을 행하시며 기이한 일을 셀 수 없이 행하시나니 10 비를 땅에 내리시고 물을 밭에 보내시며 11 낮은 자를 높이 드시고 애곡하는 자를 일으키사 구원에 이르게 하시느니라 12 하나님은 교활한 자의 계교를 꺾으사 그들의 손이 성공하지 못하게 하시며(욥 5:9-12).

욥기 5장은 하나님의 헤아릴 수 없는 크고 기이한 일로 비가 땅에 내리는 것과 물이 밭으로 가는 것을 예로 들고 있다. 비는 저절로 내리지 않고, 물은 밭에 스스로 흘러가지 않는다. 이는 모두 하나님께서 하시는 것이다. 사람들은 비와 눈과 바람 등을 자연이라고 부른다. 자연에 대한 사전적 정의는 "사람의 힘이 더해지지 아니하고 세상에 스스로 존재하거나 우주에 저절로 이루어지는 모든 존재나 상태"다. 비와 땅과 물이 스스로 존재한다는 것이고, 물이 밭으로 흘러가는 것이 저절로 된다는 것이다.

이스라엘 백성은 광야 40년 동안 만나를 먹고 살았다. 아침마다 들에 나가면 광야 지면에 작고 둥글며 서리 같이 가는 것이 생겼는데, 깟씨 같이 희고 맛은 꿀 섞은 과자 같았다. 그들은 농사를 짓지 않아도 아침마다 들에 내리는 만나를 먹으며 광야 40년 동안 굶지 않았다. 만나가 처음 내리던 날 이스라엘 백성은 얼마나 놀라워했을까? 처음 보는 신기한 현상에 하나님께 감사하고 영광을 돌렸을 것이다. 그런데 얼마

가지 않아 이들은 매일 만나를 먹어야 한다고 불평했다. 자신들이 애굽에 있을 때에는 생선과 오이와 참외와 부추와 파와 마늘들과 고기를 먹었다며 투정했다. 더 이상 만나를 신기해하지 않았고, 하나님의 선물로 여기지 않았다.

광야 40년 생활 동안에 태어난 아이들은 만나를 어떻게 여겼을까? 이들은 만나를 비와 이슬과 바람과 같은 자연으로 여겼을 것이다. 지금 태어나는 이들이 이슬을 이적으로 여기는가? 이적이 아니라 자연으로 여긴다. 이슬은 지금도 많은 동식물을 먹여 살린다. 이슬은 이들에게 만나와 같은 존재다. 동식물은 따로 농사를 짓지 않아도, 하나님께서 먹여 살리신다.

> 공중의 새를 보라. 심지도 않고 거두지도 않고 창고에 모아들이지도 아니하되 너희 하늘 아버지께서 기르시나니 너희는 이것들보다 귀하지 아니하냐. 너희 중에 누가 염려함으로 그 키를 한 자라도 더할 수 있겠느냐. 또 너희가 어찌 의복을 위하여 염려하느냐. 들의 백합화가 어떻게 자라는가 생각하여보라. 수고도 아니하고 길쌈도 아니하느니라. 그러나 내가 너희에게 말하노니 솔로몬의 모든 영광으로도 입은 것이 이 꽃 하나만 같지 못하였느니라(마 6:26-29).

공중의 새는 심지도, 거두지도, 창고에 모아들이지도 아니하는데, 하늘 아버지께서 기르신다. 수고도, 길쌈도 아니 하는 들의 백합화를 하나님은 솔로몬의 모든 영광보다 더 크게 입히신다. 사람들은 첨단의 스마트폰과 전투기를 만들어도 세포 하나를 만들지 못한다. 우주선과 잠수함의 모든 영광이 백합화 꽃잎의 세포 하나보다 못한 것이다. 자연이 가장 첨단의 과학이다. 일상이 바로 이적이고, 하나님의 헤아릴 수 없는 크고 기이한 일이다. 하나님을 안다는 것은 자연을 올바르게 관찰한다는 것이고, 자연이 어디서 와서 어떻게 작동되는지 안다는 것이다.

욥기는 누가 숲에 앉아 숨어 기다리는 사자를 위하여 먹이를 사냥하고, 누가 젊은 사자의 식욕을 채우겠느냐고 묻는다. 까마귀 새끼가 먹을 것이 없어서 허우적거릴 때에 그것을 위하여 먹이를 마련하는 이가 누구냐고 묻는다(욥 38:39-41). 당연히 하나님이시다. 동식물도 이렇게 돌보시는 하나님께서 사람은 얼마나 더 돌보시겠는가? 무엇을 먹을까 마실까 입을까 염려하지 말라고 하신다. 하나님은 이 모든 것이 우리에게 있어야 할 줄을 아시고, 더하여 주신다(마 6:30-33).

광야에서 40년 동안 만나를 주신 하나님은 지금도 비를 땅에 내리시고 물을 밭에 보내시어 농사가 가능케 하신다. 그 하나님은 교활한 자의 계교를 꺾으신다. 낮은 자를 높이 드시고 애곡하는 자를 일으키신다. 비를 땅에 내리시는 일은 낮은 자를 높이 드시는 일과 똑같은 것이다. 하나님의 섭리를 아는 자는 북쪽의 찬 공기가 남쪽의 따뜻한 공기와 만나 비가 내린다는 일기예보를 들으며 악행자가 외나무다리에서 피해자를 만나 벌을 받는다는 것을 연상한다. 신자는 일기예보에서도 하나님의 섭리를 분명하게 인식한다.

젊은 사자의 식욕을 채우시고, 먹을 것이 없어서 까악 거리며 우는 까마귀 새끼에게 먹이를 마련하시는 하나님께서 인과응보와 사필귀정이 작동되게 하신다. 누님이 그립고 아쉬움에 가슴 조이던 머언 먼 젊음의 뒤안길을 걸으며 성숙해져 돌아와 거울 앞에 서게 되는 것도 바로 하나님의 섭리 때문이다.

사람에게 우연, 하나님에게 필연

북이스라엘의 아합 왕은 왕궁 근처에 있는 나봇의 포도원이 탐이 났다. 그의 아내 이세벨은 나봇이 하나님과 왕을 저주했다는 누명을 씌워 돌로 쳐죽였다. 하나님은 엘리야 선지자를 아합에게 보내시어 개들이 나봇의 피를 핥은 곳에서 아합의 피를 핥고, 아합에게 속한 남자는 다 멸망하게 된다고 예언하게 하셨다.

이로부터 시간이 흘렀다. 아합은 남유다의 여호사밧 왕과 연합하여 아람과 전쟁을 벌였다. 아람 왕은 전쟁을 주동한 아합을 먼저 죽이라고 32명의 지휘관에게 명령했다. 아합은 이를 눈치 채고 왕복을 벗어버리고 변장했다. 32명의 지휘관은 왕복을 벗어버린 아합을 찾지 못했다. 그런데 그 순간 한 사람이 무심코 활을 당겨 아합의 갑옷 솔기를 맞혔다. 부상을 입은 아합은 전쟁이 맹렬하여 치료를 받지 못하고 병거 가운데에 서서 아람 병사를 막다가 저녁에 이르러 과다출혈로 죽었다. 전쟁에 패배한 북이스라엘은 사마리아로 돌아와 왕을 장사하고 병거를 못에서 씻었는데 여호와의 말씀처럼 개들이 그의 피를 핥았다.

　개들이 나봇의 피를 핥은 곳에서 아합의 피를 핥으리라는 예언이 그대로 실현된 것이다. 이 예언은 무심코 날아간 화살로 이루어졌다. 이 화살이 정말로 우연히 날아간 것일까? 이 화살을 쏜 자는 분명히 무심코 쏘았고, 날아간 화살은 우연히 아합을 맞추었다. 하지만 이 우연이 하나님에게는 필연이다. 우리가 인생에서 우연이라고 하는 것들은 사람에게 우연이고, 하나님에게 필연이다. 엘리야가 아합 가문을 향해 예언한 것은 그대로 실현되어, 아합의 아들 70명이 목이 베어 죽었고, 아합에게 속한 귀족들과 제사장들도 모두 죽임을 당했고, 이세벨은 높은 성에서 떨어져 개에게 먹혔다.

　성경 곳곳에 우연히 이루어진 일들이 나온다. 모압 여인 룻은 남편이 죽었음에도 시어머니를 좇아 베들레헴로 살러왔다. 두 과부가 먹고 살기 위해 밭으로 이삭을 주우러 갔는데 우연히 남편의 가문을 무를 자격이 있는 보아스의 밭에 들어갔다. 그때 마침 보아스가 밭에 추수를 살피러 왔다가 룻을 만나게 되었다. 이 둘은 이후에 결혼하여 아들 오벳을 낳는데, 오벳은 바로 다윗의 할아버지가 된다. 예수 그리스도는 보아스, 오벳, 이새, 다윗의 혈통을 통해 오셨다. 룻의 우연한 발걸음이 예수 그리스도에게까지 이어진 것이다. 하나님은 선한 룻에게 우연을 통해 큰 복을 허락하셨다.

　아합이 우연히 날아온 화살에 맞아 죽을 때에 이 전쟁에 참여한 수많은 사람들이 자유롭게 참전 여부와 전쟁 방식을 결정했다. 그리고 하

■ 조르주 쇠라, 그랑드자트 섬의 일요일 오후

나님은 이들의 자유로운 결정을 모두 종합하시면서 하나님의 뜻대로 이
끄셨다. 우연이란 방법을 통해 아합을 응징하셨고, 동시에 전쟁 참여자
각각에 대해서 섭리하셨다. 각 사람이 자신의 생각과 행동으로 자유롭
게 살 때에 하나님은 이들의 자유를 존중하시면서 동시에 하나님의 뜻
대로 이끄신다.

　위 그림은 신인상주의의 창시자인 조르주 쇠라(Georges Seurat, 1859-1891,
프랑스)의 「그랑드 자트 섬의 일요일 오후」(A Sunday on La Grande Jatte, 1884-
1886)다. 그림을 자세히 보면 선이 아니라 점들로 이루어진 것을 알 수 있
다. 선 대신에 점과 매우 짧은 터치로 표현하는 점묘법(pointillism)에서 점
몇 개는 의미와 형태가 없지만, 많은 점들이 모이면 의미와 형태가 된다.

또 각 점의 색깔은 청색과 황색일지라도 멀리서 보면 녹색으로 보인다. 우리 각자는 점묘화의 한 점이고, 하나님은 그 한 점들을 모아 하나님의 뜻에 맞는 형태와 색깔로 이루어가신다.

땅속에 있는 개미집을 보면 거실, 음식 저장소, 알 보관소, 애벌레 탁아소, 버섯 재배소, 냉난방방까지 있다. 개미 한 마리로는 도저히 이런 복잡한 방들이 나올 수 없는데, 개미 전체로는 가능하다. 이처럼 각 구성 요소로 볼 때는 생각지 못했던 기능이나 현상이 전체를 통해서 출현하는 현상을 창발성(emergence)이라고 한다. 전체는 부분의 합보다 크다는 것이다. 왜 전체가 부분의 합보다 큰 현상이 생길까? 왜 전혀 예측하지 못한 사회현상이 발생하는 것일까? 여호와께서 역사하시기 때문이다. 이런 측면에서 사람들이 남북통일과 한일관계 등을 위해 아무리 노력해도 하나님의 도움이 없으면 불가능하다. 신자는 하나님의 일하심을 믿고 먼저 모든 일에 대해 기도해야 한다.

하나님은 "원수 갚는 것이 내게 있으니 내가 갚으리라"고 말씀하신다. 우리는 친히 원수를 갚지 말고, 하나님의 진노하심에 맡겨야 한다. 하나님은 아무에게도 악을 악으로 갚지 말고 모든 사람 앞에서 선한 일을 도모하라고 말씀하신다. 원수가 주릴 때 먹이고, 목마를 때 마시게 하는 것은 숯불을 그 머리에 쌓아 놓는 것이다. 신자는 할 수 있거든 모든 사람과 더불어 화목해야 하고, 악에게 지지 말고 선으로 악을 이겨야 한다(롬 12:17-21). 에베소서 4장은 "분을 내어도 죄를 짓지 말며 해가 지도록 분을 품지 말고 마귀에게 틈을 주지 말라"(엡 4:26-27)라고 말한다. 신앙이 좋은 자일수록 해가 지도록 분을 품지 않고, 한숨과 후회로 불면증과 식욕부진에 빠지지 않아야 한다. 안에 쌓인 원망과 복수심을 하나님의 섭리에 대한 믿음으로 활활 태워버려야 한다. 운동으로 태우지 않은 지방이 몸에 쌓이면 병이 되듯, 섭리의 믿음으로 태우지 않은 원망과 근심과 복수심도 몸에 병이 되고 신앙을 약화시킨다.

사람과 사탄보다 높으신 하나님

욥은 하나님을 경외하며 악에서 떠난 자였다. 재산도 많았다. 사탄은 욥이 하나님을 경외하는 것은 주께서 그의 소유물이 땅에 넘치게 하셨기 때문이라고 말했다. 여호와는 사탄에게 욥의 소유물을 맡기셨다. 그러자 스바 사람이 갑자기 밭을 가는 소와 풀을 먹는 나귀를 빼앗고 종들을 죽였다. 하나님의 불이 하늘에서 떨어져서 양과 종들을 살라 버렸다. 갈대아 사람은 세 무리를 지어 낙타를 빼앗고 종들을 죽였다. 이 소식을 들은 욥은 겉옷을 찢고 머리털을 밀고 땅에 엎드려 예배하며 "내가 모태에서 알몸으로 나왔사온즉 또한 알몸이 그리로 돌아가올지라. 주신 이도 여호와시요 거두신 이도 여호와시오니 여호와의 이름이 찬송을 받으실지니이다"(욥 1:21)라고 말하며 하나님을 향하여 원망하지 아니했다.

무색해진 사탄은 그의 뼈와 살을 치면 틀림없이 주를 향하여 욕할 것이라고 말했다. 여호와는 욥을 사탄에게 맡기시며 그의 생명은 해하지 말라고 말씀하셨다. 사탄이 욥을 치자 종기가 그의 발바닥에서 정수리까지 났다. 욥은 재 가운데 앉아서 질그릇 조각으로 몸을 긁었지만, 자신의 아내에게 "우리가 하나님께 복을 받았은즉 화도 받지 아니하겠느냐?"(욥 2:10)라고 말하며 입술로 범죄하지 아니했다.

스바 사람과 갈대아 사람 세 무리는 욥의 재산을 갖고 싶어 강도질을 했다. 그들의 목적은 재산을 많이 차지하는 것에 있었고, 이 목적을 위해서라면 도둑과 강도와 살인도 서슴지 않았다. 사탄은 욥을 하나님에게서 떼어내고 싶었다. 그 목적 달성을 위하여 여호와께 욥을 고소했고, 자신이 가진 영적 능력으로 사람들을 충동하여 욥의 재산을 탈취하게 했고, 하늘에서 불을 내렸다. 사탄은 이 모든 일을 함에 있어 하나님의 허락 없이는 할 수 없었다. 여호와 하나님은 욥에게 사탄을 통한 시험을 허락하시며 욥을 연단하시고자 하셨다.

욥의 세 친구들은 하나님과 사탄 간에 이루어진 대화를 알지 못한 채 눈에 보이는 것만으로 판단했다. 욥이 고난을 받는 것은 하나님께 죄를 지었기 때문이므로 하나님께 회개해야 한다고 주장했다. 세 친구는 번갈아 가며 집요하게 욥을 꾸짖고 밀어붙였다. 욥은 친구들에 맞서 자신은 하나님의 이러한 벌을 받을 정도로 죄악의 삶을 살지 않았다며 항변했다. 나중에 세 친구나 욥이나 모두 땅에서 벌어진 일로 하늘의 일까지 알 수 있다고 확신한 점에서 하나님께 책망을 들었다.

하나님은 사람보다 차원이 높다. 하나님의 생각과 길은 사람의 생각과 길과 다르다. 하늘이 땅보다 높음 같이 하나님의 생각은 높다(사 55:8-

9). 하나님은 빛도 짓고 어둠도 창조하시고, 평안도 짓고 환난도 창조하신다. 하나님은 이 모든 일들을 행하시며 공의와 의와 구원을 우리에게 구현하신다(사 45:7-8). 사람도 일하고 사탄도 일하고 하나님도 일하시는데, 세 주체의 차원은 목적과 방법에 있어서 비교할 수 없는 큰 차이가 있다. 하나님은 사람만이 아니라 사탄까지도 사용하시며 하나님의 뜻을 이루신다. 어느 일순간에는 사탄이 승리하여 세상을 지배하는 것 같지만, 하나님은 그것마저도 하나님의 목적과 영광을 위하여 사용하시는 것이다.

사람은 하나님을 업신여기면 안 된다. 사람은 심는 그대로 거둔다. 하나님은 육체를 위하여 심는 자는 육체로부터 썩어질 것을 거두게 하시고, 성령을 위하여 심는 자는 성령으로부터 영생을 거두게 하신다. 하지만 그렇다고 하여 욥의 세 친구들이 생각하는 것처럼 단기간에 사필귀정과 인과응보가 이루어지는 것은 아니다. 북이스라엘에서 가장 악한 왕 아합이 무려 22년간을 통치했다. 성경과 우리 주변의 삶에서 악한 자가 부귀영화를 오래 동안 누리는 것은 드물지 않다. 심지어 어떤 악인은 아무 응징도 없이 편안히 죽기까지 한다. 하지만 하나님의 심판은 때가 되면 어김없이 악인들에게 임한다. 심지어 편안히 죽은 악인에게도 임한다.

우리는 어떤 행위에 대해 하나님의 즉각적인 반응이 우리의 차원으로 일어나기를 하나님께 요구해서는 안 된다. 뿌린 대로 거두게 하시는 하나님인 줄 알고 우리의 일을 묵묵히 하며 하나님의 일하심을 경외감으로 바라보며 기다려야 한다. "비와 눈이 하늘로부터 내려서 그리로 되돌아가지 아니하고 땅을 적셔서 소출이 나게 하며 싹이 나게 하여 파종하는 자에게는 종자를 주며 먹는 자에게는 양식을 줌과 같이 내 입에서 나가는 말도 이와 같이 헛되이 내게로 되돌아오지 아니하고 나의 기뻐하는 뜻을 이루며 내가 보낸 일에 형통함이니라"(사 55:10-11). 하나님은 사람이 아니시라 거짓말을 하지 않으시고, 인생이 아니시라 후회가 없으시다. 그 말씀하신 바를 행하지 않으시는 경우가 없다(민 23:19). 사람이 낙심하지 않고 선을 행하면 때가 이르러 거두게 된다(갈 6:7-9).

> 7 내가 주의 영을 떠나 어디로 가며 주의 앞에서 어디로 피하리이까 8 내가 하늘에 올라갈지라도 거기 계시며 스올에 내 자리를 펼지라도 거기 계시니이다 9 내가 새벽 날개를 치며 바다 끝에 가서 거주할지라도 10 거기서도 주의 손이 나를 인도하시며 주의 오른손이 나를 붙드시리이다 11 내가 혹시 말하기를 흑암이 반드시 나를 덮고 나를 두른 빛은 밤이 되리라 할지라도 12 주에게서는 흑암이 숨기지 못하며 밤이 낮과 같이 비추이나니 주에게는 흑암과 빛이 같음이니이다 (시 139:7-12).

사람이 우주선을 타고 우주 정거장에 거할지라도, 잠수정을 타고 바다 깊숙이 거할지라도 하나님의 영을 피할 수 없다. 1977년에 미국 나사에서 발사한 보이저는 우주 공간을 1초에 시속 30km의 속도로 날아갔다. 지금까지 40년이 넘게 휴게소에서 쉬지도 않고 날아갔으니 얼마나 멀리 갔을까? 그런데 그래봐야 겨우 태양계를 빠져나갔다. 우주가 얼마나 큰지 모른다. 하나님의 영은 그렇게 멀리 날아간 보이저에도 계신다. 사람이 하나님의 영을 떠나 피할 수 없다는 것은 하나님께서 늘 우리를 인도하시고 붙드신다는 것이다. 흑암이 우리를 덮고 오르막길이 우리를 에워싸도 흑암이 우리를 숨기지 못하고, 오르막길이 우리를 좌절시키지 못한다.

빛도 짓고 어둠도 창조하신 하나님에게 흑암과 빛은 같다. 평안도 짓고 환난도 창조하신 하나님은 성도를 환난을 통해 성숙한 자로 만들어 가신다. 하나님은 소쩍새도, 천둥도, 먹구름도 모두 사용하시어 한 사람이 만개하게 하신다. 우리는 이 하나님을 믿고 어떤 어려운 상황도 견디고 버티는 힘을 길러야 한다. 인생은 빛과 평안만으로 점철되지 않는다. 어둠과 환난도 기다리고 있고, 천둥과 번개도 내리친다. 언제 어떤 상황에 있더라도 하나님의 영은 늘 같이 계시며 그 큰 두 팔과 넓은 가슴으로 우리를 껴안으시며 말할 수 없는 탄식으로 우리를 위하여 친히 간구하시고 돌보심으로(롬 8:26) 우리에 대한 사랑을 완성하신다.

토론문제

1. 서정주의 「국화 옆에서」를 낭독해봅시다. 여러분의 감상과 양승준 씨의 평론을 비교해봅시다.

2. 창조와 섭리는 분리되지 않는다는 말의 의미를 나누어봅시다. 시편 121편도 읽고 나누어봅시다.

3. 일상이 이적이고 하나님의 큰 일이라고 생각합니까? 코로나19 감염 사태를 볼 때 전염병이 없는 상황이 하나님의 은혜이고 능력임을 인정합니까?

4. 아합은 어떻게 죽었습니까? 사람에게는 우연한 일이 하나님에게는 필연입니까? 창발성이 무슨 뜻입니까? "원수 갚는 것이 내게 있으니 내가 갚으리라"(롬 12:19)는 말씀과 "분을 내어도 죄를 짓지 말며 해가 지도록 분을 품지 말고 마귀에게 틈을 주지 말라"(엡 4:26-27)는 말씀을 실천하고 있습니까?

5. 여러분도 욥처럼 "내가 모태에서 알몸으로 나왔사온즉 또한 알몸이 그리로 돌아가올지라. 주신 이도 여호와시요 거두신 이도 여호와시오니 여호와의 이름이 찬송을 받으실지니이다"(욥 1:21)와 "우리가 하나님께 복을 받았은즉 화도 받지 아니하겠느냐?"(욥 2:10)라고 말할 수 있습니까?

6. 시편 139:7-12을 낭독해봅시다. 여러분이 어디에 있어도 주께서 같이 계셔 붙드시고, 여러분이 어떤 흑암에 있어도 낮처럼 비추시며 보호하고 계심을 믿습니까?

제5장

죄

사람의 죄로 인한 비참한 삶과 죽음

메두사 호는 1816년 6월에 프랑스의 식민지였던 세네갈에 정착할 이주민과 관료들을 태우고 출항했지만, 보름 후인 7월 2일에 난파했다. 승선자는 모두 400여 명이었지만, 주로 높은 신분에 속한 250명은 6척의 구명정을 이용하여 모두 살아남았다. 나머지 힘이 없는 150여명은 메두사 호에서 나온 판자로 급조한 길이 20m, 폭 7m의 뗏목을 타야했다. 13일 후에 지나던 배가 이들을 구조했는데, 생존자는 단 15명이었다. 그중 5명은 구조 직후 사망했고, 나머지도 표류 과정의 충격으로 정신 이상 증세를 보였다.

급조된 뗏목의 가장자리에 있던 10여명이 먼저 바닷물에 쓸려 내려갔다. 서로 뗏목 중앙을 차지하려는 싸움으로 65명이 죽었다. 파도보다 싸움으로 6배 넘게 죽은 것이다. 생존자들은 물과 식량이 없었기 때문에 소변을 먹었고, 시체에서 살을 발라내어 햇빛에 말려 먹었다. 뗏목의

■ 테오도르 제리코, 메두사의 뗏목

돛대에는 인육이 널려 있었다. 일주일 후 28명만 살아남았고, 13일 후에
는 15명만 살아남았다.

　테오도르 제리코(Th odore G ricault, 1791-1824, 프랑스)는 위 사건을 아래처
럼 「메두사의 뗏목」(La Radeau de la M duse)이란 제목으로 1819년에 그렸다.
그는 자신의 당대에 발생한 사건들을 사실적이고 역동적으로 표현한 프
랑스 낭만주의의 선구자다. 그는 시체안치소를 찾아가 시체들을 면밀히
관찰했고, 뗏목의 모형도 실제로 만들어 보았다. 13개월에 걸친 이런 열
정적인 작업과 사실적 묘사를 통해 작품이 탄생되었다. 가로 715cm, 세
로 490cm에 이르는 대작이다.

　언제든 비가 올 듯한 검은 먹구름, 뗏목을 삼킬 듯한 집채만한 파도,

가장자리에 널린 시체들의 다양한 모습, 가족인지 시체를 붙잡고 있는 멍한 표정의 노인, 나체 모습의 시체들, 저 멀리 파도 사이로 아주 작고 흐릿하게 보이는 배의 돛대, 그 돛대를 보고 옷을 흔들며 소리를 지르는 몇 사람들! 이 그림을 보고 마음이 편할 사람이 별로 없을 것이다.

이 배가 난파한 배경에는 부르봉 왕가와 시대의 부패가 있었다. 25년 간 배를 탄 적이 없는 퇴역 군인이 부르봉 왕가에 뇌물을 주고 막대한 돈이 되는 식민지행 배의 선장이 되었다. 항해에 대해 모르는 이 선장이 지도에 표시된 암초를 피하지 못해 배가 부서졌다. 배가 부서졌을 때 구명정에는 선장, 귀족, 고급 장교, 부자 등 권력층이 탔고, 하급 선원과 새 땅을 찾아 나선 서민은 뗏목으로 내몰렸다. 「설국열차」와 「기생충」이란 영화가 드러냈던 신분과 권력과 부에 의한 계층의 분화와 차별이 여기서 실제로 적나라하게 드러났다.

원래는 구명정이 뗏목을 밧줄로 이끌어 해안까지 갈 계획이었으나, 바다와 항해에 익숙하지 않은 선장이 두려움을 이기지 못해 밧줄을 끊어버렸다. 메두사의 침몰은 그 시대 프랑스의 부패한 도덕성을 말해주었다. 우리나라에서 2014년 4월에 침몰한 세월호의 원인은 최대 화물 적재량의 2배가 넘는 과적, 선체 복원에 필요한 평형수의 감축 적재, 차량과 컨테이너의 부실한 고박, 선장 대신 3등 항해사와 조타수의 배 운행 등이었다. 세월호는 일본이 1994년에 건조하여 18년 넘게 운행한 여객선으로 더 이상 취항할 수 없는 노후선이었다. 그런데 2009년에 해운 법이 개정되어 여객선의 선령이 20년에서 30년으로 늘어났으며 이에 따라 청해진해운이 중고로 세월호를 도입했다. 도입과 동시에 무리하게 증축하여 선박의 중량이 239톤 증가했고, 그 결과 선박의 복원력이 약화되었다. 침몰 당시 선원들은 "가만히 있으라"는 방송을 한 후에 가장 먼저 탈출했다.

304명이 죽은 세월호 침몰은 그 당시 우리나라의 전반적 부패에 의한 것이지 단순히 몇 사람의 잘못이 아니다. 메두사호와 세월호의 침몰에는 비슷한 점들이 많다. 200년의 세월이 흘러 과학이 발달하여 세월호는 튼튼한 철갑선과 강력한 엔진으로 이루어졌건만 왜 침몰했는가? 세월이 흘러도 변하지 않는 것이 있으니 바로 사람의 부패성이다. 더 많은 돈을 벌려는 욕심, 남을 죽여서라도 자기는 살겠다는 본능, 뇌물, 명예욕 등은 시대와 장소를 불문하고 널려 있다. 제리코는 시체와 뗏목만이 아니라, 사람과 인생도 면밀히 관찰하여 「메두사의 뗏목」에 담았다. 여러분도 자신과 타인의 삶을 면밀히 관찰할수록 인생의 비참함과 인간의 죽음에서 절규와 체념을 보지 않는가?

죄로 인한 속성의 부패

사람은 왜 이렇게 부패할까? 왜 자신의 목숨을 위해서라면 남을 죽이고 인육까지 먹을까? 왜 돈을 위해서라면 무리하게 배를 증축하고 과적할까? 사람이 이런 행위를 한다는 것은 이것이 가져오는 참혹한 결과를 분명하게 인식하지 못한다는 것이다. 인식하더라도 성취할 욕망에 취해 자신은 위험에서 벗어날 것이라고 여긴다. 사람의 이런 미련과 고집과 잔혹함은 도대체 어디에서 나올까?

성경은 죄로 인해 부패해진 속성에 있다고 말한다. 하나님의 형상대로 지음을 받은 아담이 죄를 짓는 순간에 하나님의 형상이 손상을 받았다. 지식과 의와 거룩함이 손상된 것이다. 사람에게 내재된 지정의가 흐려지고 왜곡되었다. 그렇다면 도대체 아담이 지은 죄가 얼마나 크기에 속성의 부패가 전 인류에게 퍼질까?

죄란 사람이 하나님을 향해 지은 것이므로, 하나님과 사람의 관계를 정확히 알아야 죄에 대해서 알 수 있다. 하나님은 태초에 무로부터 천지와 만물을 창조하셨다. 하나님은 사람을 하나님의 형상대로 만드셔서 하나님의 본질과 속성이 사람에게서 가장 풍성히 드러나게 하셨다. 그리고 그런 삶을 아담에게 원하시며, 다음과 같은 말씀으로 표현하셨다.

동산 각종 나무의 열매는 네가 임의로 먹되 선악을 알게 하는 나무의 열매는 먹지 말라. 네가 먹는 날에는 반드시 죽으리라(창 2:16-17).

아담은 다른 모든 것을 자유롭게 할 수 있었지만 선악의 나무 열매를 먹을 수는 없었다. 이것은 선악의 나무가 하나님은 창조자이시고 아담은 피조물이라는 것을 나타내기 때문이다. 하나님께서 무엇이 선과 악인지 규정하시고, 선악을 사람에게 알려주시는 것이지, 사람이 스스

로 선악을 규정할 수 없고, 알 수 없다. 사람은 이것을 선악을 알게 하는 나무를 볼 때마다 확인하며 하나님께 순종해야 한다. 피조물은 존재 자체와 삶 등 모든 것을 하나님으로부터 선물로 받는 것이지, 자신의 능력으로 스스로 갖는 것이 절대 아니다. 이것을 확인시키는 것이 선악을 알게 하는 나무다.

하나님이 지으신 들짐승 중에 가장 간교한 뱀이 여자에게 "너희가 그것을 먹는 날에는 너희 눈이 밝아져 하나님과 같이 되어 선악을 알 줄하나님이 아심이니라"(창 3:4, 5)고 유혹했다. 여자가 그 나무를 보자 보암직도 하고 지혜롭게 할 만큼 탐스럽기도 했다. 그녀는 하나님과 같이 되어 선악을 규정하고, 선악을 알아 지혜롭게 되기를 원하여 열매를 따먹었다. 자기와 함께 있는 남편에게도 주었다.

아담과 하와는 단순히 과일 하나를 따먹은 것이 아니라, 하나님께서 창조자와 주인이 되심을 부인하는 행위를 한 것이다. 그들은 하나님처럼 되고 싶었다. 이 행위는 자신의 존재의 기원자를 부인한 것이므로 자신의 존재가 없어지는 것과 같다. 즉, 죽은 것이다.

그들은 열매를 따먹은 후에 육체적으로 바로 죽지 않았지만, 영적으로 죽은 자가 되었다. 그들의 눈이 밝아져 자기들이 벗은 줄을 알고 무화과나무 잎을 엮어 치마로 삼았다. 이들은 뱀의 말처럼 눈이 밝아졌지만, 하나님과 같은 거룩한 방향이 아니라, 알지 않아도 되는 악한 것을 아는 왜곡된 방향이었다. 열매를 먹기 전에는 벗은 것에 대해 나쁜 의식과 연상이 없어서 굳이 옷을 입을 필요가 없었다. 그런데 먹은 후에는 나쁜 의미로 눈이 밝아져 수치, 부끄러움, 쾌락, 희롱 등을 알게 되어, 자기들의 벗은 몸을 감추고 위장했다. 그들은 동산에 거니시는 여호와 하나님의 소리를 듣고 그 낯을 피하여 동산 나무 사이에 숨었다. 자신들을 만드신 창조자 하나님을 거부하고 피했으니 영적으로 죽은 것이 확인된 것이다.

여호와께서 아담을 불러 그 나무 열매를 먹었느냐고 여쭈셨을 때에 아담은 "하나님이 주셔서 나와 함께 있게 하신 여자 그가 그 나무 열매를 내게 주므로 내가 먹었나이다"라고 대답했다. 아담은 죄를 짓기 전에는 여자를 "이는 내 뼈 중의 뼈요 살 중의 살이라"고 말했다. 그런데 죄를 지은 후에는 하나님이 괜히 자기에게 주셔서 함께 있게 하신 여자라고 표현했다. 열매를 먹은 책임과 원인을 하나님과 여자에게 전가하는 것이다. 여자도 따먹은 이유를 "뱀이 나를 꾀므로 내가 먹었나이다"라고 말했다. 핑계 없는 무덤 없고, 처녀가 애를 낳아도 할 말이 있듯 사람들은 아무리 큰 잘못을 범해도 변명하고 책임을 전가하는데, 이런 성향이 이들에게서 시작되었다.

이때부터 사람은 내면에서 나쁜 것을 생각하게 되었다. 나쁜 생각은 외부에서 들어오지 않고, 내면에서 스스로 일어난다. 예수님은 사람의 마음에서 나오는 것은 악한 생각으로, 음란, 도둑질, 살인, 간음, 탐욕, 악독, 속임, 음탕, 질투, 비방, 교만, 우매함이라고 하셨다. 이 모든 악한 것이 다 속에서 나와서 사람을 더럽게 하지, 밖에서 들어가는 것이 사람을 더럽게 하지 않는다(막 7:18-23). 사람은 내면이 전적으로 부패했기 때문에 죄를 배우지 않아도 죄를 알고 행한다. 좋은 외부 환경이 죄를 어느 정도 약화시키겠지만, 절대로 죄 자체를 없애지 못한다. 사람은 태어날 때 이미 죄인으로 태어나 죄를 짓지, 죄를 지어서 죄인이 아니다.

요약하면, 죄란 사람이 자신을 만드신 하나님을 창조자와 주인으로 인정하지 않는 것이다. 즉, 자신의 존재와 능력을 스스로 가졌고 스스로 옳게 인식하고 행할 수 있다고 여기는 것이다. 죄란 하나님을 전적으로 인정하지 않는 것이므로 죄의 결과는 하나님을 피하는 것이고 영적으로 죽는 것이다. 영적으로 죽은 사람은 이 땅에서 육체적으로 얼마간 삶을 누리는데, 부패한 속성을 인해 끊임없이 악이 솟아나고 인식은 왜곡되어 자기의 소견대로 살아가게 된다.

주어진 잠재력을 노력하여 발휘하는 것은 칭찬받을 일이지만, 그 잠재력을 자기 스스로 가졌다고 여기는 것은 죄다. 그 잠재력이 발휘되도록 하늘과 땅이 무너지지 않고, 전염병이 창궐하지 않고, 사회가 안정되고, 건강이 받쳐준 것이 하나님의 은혜다. 똑같은 노력을 했음에도 다른 이보다 더 뛰어난 성취를 이루는 것은 하나님께서 뛰어난 감각과 소질을 주신 것이다. 이것을 모르고 교만해하는 것, 이것이 기독교가 말하는 큰 죄다.

죄값

지금까지 살펴본 것처럼 죄를 지은 사람은 악한 것을 생각하고, 자기중심적이 되어 자신을 위장하고, 하나님을 거부하고 숨고, 그리고 자신의 잘못과 책임을 외부로 끊임없이 돌린다. 그런데 죄의 결과는 이런 본성의 부패만이 아니라 죄의 형벌(죄값)을 가져온다. 하나님은 그 열매를 먹는 날에는 반드시 죽으리라고 경고하셨는데, 바로 이 경고가 집행되는 것이다.

하나님은 먼저 열매를 따먹은 여자에게 임신하는 고통이 크게 더해지고, 수고하여 자식을 낳게 하는 형벌을 주셨다. 여자는 남편을 원하고, 남편은 여자를 다스리는 형벌도 주셨다. 그때부터 남편이 여자가 원하는 바를 들어주지 않고 다스리려 하니 여자와 남자는 싸울 수밖에 없게 되었다. 동서고금을 막론하고 여자는 남편에게 바가지를 긁어대며 요구하고, 남편은 그런 여자를 폭압적으로 다스리려고 한다.

하나님은 이어서 아담에게 "땅은 너로 말미암아 저주를 받고 너는 네 평생에 수고하여야 그 소산을 먹으리라. 땅이 네게 가시덤불과 엉겅퀴를 낼 것이라"는 형벌을 내리셨다. 땅은 이때부터 가시덤불과 엉겅퀴를 내게 되었다. 농사가 잡초로 인해 얼마나 많은 노동력을 요구하는지 모른다. 제초제로 잡초를 쉽게 제거할 수 있지만 다른 식물과 토양까지 오염되는 부작용이 따른다.

땅이 가시덤불과 엉겅퀴를 낸다는 것은 사람이 행하는 모든 것에 가시덤불과 엉겅퀴와 같은 흠과 장애가 있다는 의미다. 땅을 비롯한 천지 만물의 속성이 변하여 모든 것에 부족함이 존재한다. 100%의 효율, 순수성, 완전 연소와 소화 등이 사라지고 늘 2%의 부족함이 발생한다. 어떤 보일러와 엔진도 100% 연소하지 못하고 배기가스를 노출하고, 어떤 사람과 동물도 100% 소화하지 못하고 배설물을 배출한다. 어떤 모임에 가도 자신과 맞지 않는 한두 사람이 있고, 예외 없는 규칙은 없다. 어떤 좋은 사람일지라도 한두 가지 흠이 있고, 아무리 건강해도 몸의 한두 군데 흠이 있다.

하나님은 아담에게 "네가 흙으로 돌아갈 때까지 얼굴에 땀을 흘려야 먹을 것을 먹으리니 네가 그것에서 취함을 입었음이라. 너는 흙이니 흙으로 돌아갈 것이니라"는 벌을 더하셨다. 과학이 발달하고 교육을 통해 도덕성이 향상되면, 사람들은 풍요하고 평등하게 살 수 있으리라 생각했다. 하지만 과학의 발달은 환경 오염과 기후 변화라는 부작용도 가져왔다. 사람들에게 도덕과 윤리를 아무리 교육해도 내부의 죄성을 인해 이기심과 자기주장은 변하지 않았다. 약육강식은 다양한 형태로 늘 존재해왔다. 정복했다 생각한 전염병도 잊을 만하면 다시 창궐하고, 기후의 변화와 위력은 여전히 현대 과학으로도 감당하기 힘들다.

　사람들은 자동차와 비행기와 고속 열차의 발달로 먼 지방의 행사에도 참여하게 되었다. 예전에는 가지 않아도 되는 지역의 행사에 참여하게 되며 오히려 바빠졌고, 스마트폰의 발달로 언제 어디서나 소통이 가능해지며 더 바빠졌다. 연애와 결혼과 출산을 포기한다는 삼포라는 단어가 과거에 사용된 적이 있는가? 과학과 교육이 발달한 현대가 결코 과거보다 행복하고 기쁜 것이 아니다. 인생에서 연애와 결혼과 출산보다 더 기쁜 일이 있는가? 먹기 위해 얼굴에 흘리는 땀은 어떻게 된 게 과학과 산업이 발달한 현대에 더욱 심해지고 있다.

　스마트폰의 발달로 통화는 쉬워졌을지 모르지만 사람들 간의 소통은 멀어졌다. 아파트와 주택은 더 튼튼해지고 편리해졌을지 모르지만 가족들의 대화와 행복은 감소했다. 과학과 교육은 사람들에게 편리를 주었을지 모르지만 결코 평안까지 준 것은 아니다. 새로운 기능이 장착된 스마트폰과 자동차와 집은 한동안 편안함을 줄지 모르지만 익숙해지는 순간부터 무료하고 무의미한 것이 된다.

　설령 몇 년간 편안함을 준다고 하자. 그 몇 년 후에 무엇이 사람을 기다리는가? 늙음과 병과 죽음이 기다린다. 사람은 얼굴에 땀을 흘려야 먹을 수 있고, 그 후에는 흙으로 돌아간다. 사람은 흙에서 취함을 입었으므로 하나님의 은혜와 능력이 떠나는 순간 흙이 되어버린다. 사람은 잠깐 자는 것 같고, 아침에 돋는 풀 같다. 아침에 꽃이 피었다가 저녁에 시들어 마르는 풀과 별반 다르지 않다. 사람의 연수는 강건하면 팔십이라도 그 연수의 자랑은 수고와 슬픔뿐이고, 신속히 가니 우리가 날아간다(시 90:6-10).

하나님은 아담과 하와에게 최종적으로 에덴동산에서 쫓아내는 벌을 내리셨다. 쫓겨난 그들은 스스로 동산을 만들어야 했다. 모든 사람들은 실향민인 것이다. 아무리 좋은 환경에서 기쁜 때를 보내도 사람들은 본질적으로 에덴동산에서 쫓겨난 자이기에 무언가를 그리워하고, 막연히 동경한다. 언덕을 보노라면 무언가 그립고 슬픈 것은 사람 안에 내재된 본능이다. 사람은 이 땅에서 아무리 만족스러운 삶을 살아도 무언가 빈 듯한 불만족을 느낀다. 이것을 이루면 기쁘리라 여기지만, 막상 이루고 나면 허무함을 느낀다. 성경의 전도서가 말하듯 인생은 헛되고 헛되며 헛되고 헛되니 모든 것이 헛되다. 해 아래에서 수고하는 모든 수고가 사람에게 무엇이 유익한가!(전 1:2-3)

죄로 인한 비참한 삶

에덴동산에서 쫓겨난 아담과 하와와 후손의 삶은 어떠했을까? 아담과 하와는 가인과 아벨을 낳았다. 그들이 각자 제물을 하나님께 드렸는데, 하나님은 아벨의 것은 받으시고 가인의 것은 받지 않으셨다. 가인은 몹시 분하여 안색이 변했는데, 이것은 아담과 하와가 자신의 책임을 남에게 전가한 것의 연장선이다. 가인은 왜 하나님께서 자신과 자신의 제물을 받지 아니하셨는가에 대한 이유를 자신에게서 찾아야 했는데, 자기 중심적으로 변한 내면의 속성 때문에 외부에서 찾았다.

하나님은 이런 가인에게 "네가 선을 행하면 어찌 낯을 들지 못하겠느냐? … 죄가 너를 원하나 너는 죄를 다스릴지니라"(창 4:7)고 말씀하셨다. 하나님은 하와에게 "너는 남편을 원하고 남편은 너를 다스릴 것이니라"고 하셨는데, 이 말씀을 똑같이 가인에게 하신 것이다. 죄가 비록 가인을 원할지라도 가인은 그 죄의 욕구대로 하면 안 되고 죄를 다스려야 한다. 하지만 가인은 다스리지 못하고, 아벨이 들에 있을 때에 아벨을 쳐 죽였다. 죄의 욕구가 얼마나 강한지 살인으로 나타난다. 메두사의 뗏목에서 벌어진 살인은 가인의 살인의 확장판에 지나지 않는다.

가인은 하나님께서 "네 아우 아벨이 어디 있느냐?"라고 여쭈시자 "내가 알지 못하나이다. 내가 내 아우를 지키는 자니이까?"라고 반문했다. 자신의 범죄를 부인하는 것이고, 동생을 죽이고도 죄책감을 못 느끼고 하나님께 대드는 것이었다. 아담의 죄의 결과로 사람은 화가 나면 동생까지도 죽이는 무서운 괴물이 되어버렸다. 가인이 아벨을 죽였을 때에 아담과 하와는 얼마나 놀랐을까? 자신들의 죄가 이런 살인을 가져온 것에 몸서리 쳤을 것이다. 가인이 아벨을 죽였지만, 실은 자신들의 죄의 결과임을 알기에 크게 자책하고 한탄했을 것이다. 집안에 큰일이 벌어졌을 때 "내 죄가 크다"라는 노인들의 말은 결코 빈말이 아닌 것이다.

가인은 그후 에덴 동쪽 놋 땅에 거주하여 에녹을 낳았다. 성을 쌓고

아들의 이름을 따라 에녹이라고 불렀다. 가인의 후예들은 가축을 치는 자의 조상, 수금과 통소를 잡는 자의 조상이 되었고, 구리와 쇠로 여러 기구를 만드는 자도 되었다. 하나님의 형상이 아담의 범죄로 손상되었지만 완전히는 아니기에 아담의 후손은 가축을 치고 예술을 발전시키고 기구를 제작할 수 있었다. 그런데 이 모든 활동이 하나님을 경배하는 자세가 아니라 자신들을 드러내는 형태였다. 가인의 후예 라멕은 "나의 상처로 말미암아 내가 사람을 죽였고 나의 상함으로 말미암아 소년을 죽였도다"(창 4:23)라고 말했다. 라멕은 작은 상함에도 사람을 죽였다. 아담과 하와의 죄는 후예로 하여금 작은 일로도 살인케 했고, 자신들의 존재감을 위해 산업과 예술과 과학을 발전시키게 했다. 오로지 자신들이 중심이었다.

사람들의 이런 죄악은 세상에 가득했고, 마음으로 생각하는 모든 계획은 항상 악했다(창 6:5). 하나님께서 땅 위에 사람 지으셨음을 한탄하사 마음에 근심하실 정도였다. 하나님은 홍수로 노아와 가족 8명을 제외하고 모두를 지면에서 쓸어버리셨다. 사랑의 하나님이 어떻게 그 많은 사람들을 죽이실 수 있을까? 하나님은 "내가 창조한 사람을 내가 지면에서 쓸어버리되 사람으로부터 가축과 기는 것과 공중의 새까지 그리하리니 이는 내가 그것들을 지었음을 한탄함이니라"(창 6:7)고 말씀하셨다. 하나님은 여기서 "내가 창조한 사람"이라고 말씀하셨다. 사람은 피조물에 지나지 않는다. 피조물은 지음을 받은 목적과 내용대로 살 때 존재 의의를 갖는다. 이에서 벗어나면 존재 의의가 사라지며, 모두 죽을 수 있다.

이것을 이해하면 인격의 진정한 근거와 목적을 이해할 수 있다. 그렇지 않으면 인격이란 이름으로 사람을 하나님보다 우위에 두게 된다.

노아의 홍수 때 사십 주야 동안 비가 내려 모든 사람들이 죽고 노아와 가족 8명만 살아남았다. 하나님은 이들에게 "생육하고 번성하여 땅에 충만하라"고 말씀하셨다. 하나님은 아담을 만드신 후에도 "생육하고 번성하여 땅에 충만하라"(창 1:28)고 말씀하셨다. 생육하고 번성하여 땅에 충만하되, 단지 물리적으로 숫자가 많아지고 산업과 문화와 과학이 발달하는 것은 의미가 없다. 노아의 홍수 전에 사람들이 땅에 숫자적으로 충만했고 물리적으로 산업과 문화와 과학이 발달했지만, 죄악이 세상에 가득하여 모두 쓸어버림을 당하지 않았는가! 생육하고 번성하는 것의 참된 의미는 영적인 것에 있다. 무엇이 참된 의미이고 아름다움인가를 아는 것에 있다. 시간이 흘러도 사라지지 않는 가치를 아는 것에 있다.

방주에서 나온 노아는 포도주를 마시고 취하여 장막 안에서 벌거벗었다. 노아의 아들 함이 아버지의 하체를 보고 두 형제에게 알렸다. 두 형제는 옷을 가져다가 어깨에 메고 뒷걸음쳐 들어가서 아버지의 하체를 덮었다. 그들은 얼굴을 돌이키고 아버지의 하체를 보지 않았다. 노아가 술이 깨어 함이 자기에게 행한 일을 알고 "가나안은 저주를 받아 그의 형제의 종들의 종이 되기를 원하노라"(창 9:25)고 말했다. 가나안은 함의 아들이었다. 함이 아버지의 하체를 보았다는 것은 그의 권위를 인정하지 않고 그의 잘못을 극대화했다는 것이다. 노아가 함을 저주한 것은 단순히 자신의 하체를 보았기 때문이 아니라 함의 전반적인 태도가 악했기 때문이다. 가인이 아벨을 죽이듯, 홍수 후에도 아들이 아버지의 권위를 인정하지 않는 가족 간의 문제가 발생했다.

노아의 세 아들은 후손을 낳으며 번성했다. 그런데 번성한 무리는 성읍과 탑의 꼭대기가 하늘에 닿게 함으로 자신들 이름을 내고 온 지면에 흩어짐을 면하고자 했다. 여호와께서는 "이 무리가 한 족속이요 언어도 하나이므로 이같이 시작하였으니 이 후로는 그 하고자 하는 일을 막을 수 없으리로다 자, 우리가 내려가서 거기서 그들의 언어를 혼잡하게 하여 그들이 서로 알아듣지 못하게 하자"(창 11:6, 7)라고 말씀하셨다. 하나님께서 이들을 온 지면에 흩으시자 이들은 비로소 건설을 그쳤다. 사람들은 소견과 행위를 스스로 멈추지 않는다. 자신들의 물리적인 능력으로 할 수 없을 때에야 겨우 멈추지, 할 수 있는 능력이 있음에도 틀린 줄을 깨닫고 스스로 멈추지 않는다.

바벨성 사건 이후에도 사람들은 하나님의 이름을 내지 않고, 자신들의 이름을 내었다. 시대가 흐를수록 이런 정도는 강해진다. 인권과 합리성이 강조되고, 하나님과 성경과 믿음은 허구로 여겨진다. 전적으로 부패한 모든 사람은 자신의 소견에 따라 지혜롭고 행복하게 산다고 하지만, 본질적으로는 비참한 삶을 살다가 어느덧 늙고 병들어 허무하게 죽는다. 결코 어떠한 사회와 국가도 죽음의 문제를 해결하지 못했고, 이상향을 만들지 못했다. 사람들은 에덴이 아니라 에덴의 동쪽에 거하며 자신들의 이름을 높였다. 사람들의 마음은 나뉘어 분열과 갈등과 투쟁과 전쟁으로 이어졌다. 가인이 아벨을 쳐죽인 것은 그 이후에 이어질 인류의 역사를 단적으로 보여준다. 메두사호와 세월호의 침몰은 그것의 확장판이고, 인류가 있는 곳이면 다양한 형태로 계속하여 벌어진다.

> [10] 기록된 바 의인은 없나니 하나도 없으며 [11] 깨닫는 자도 없고 하나님을 찾는 자도 없고 [12] 다 치우쳐 함께 무익하게 되고 선을 행하는 자는 없나니 하나도 없도다 [13] 그들의 목구멍은 열린 무덤이요 그 혀로는 속임을 일삼으며 그 입술에는 독사의 독이 있고 [14] 그 입에는 저주와 악독이 가득하고 [15] 그 발은 피 흘리는 데 빠른지라 [16] 파멸과 고생이 그 길에 있어 [17] 평강의 길을 알지 못하였고 [18] 그들의 눈 앞에 하나님을 두려워함이 없느니라 함과 같으니라(롬 3:10-18).

로마서 3장은 아담의 죄로 인한 사람의 부패에 대해 위에처럼 말한다. 의인은 한 명도 없고, 선을 행하는 자도 전혀 없다. 목구멍은 열린 무덤이고, 혀는 속임을 일삼고, 입술에는 독사의 독이 있고, 입은 저주와 악독으로 가득하고, 발은 피 흘리기에 빠르다. 이것이 그대로 적용되어 나타난 것이 메두사의 뗏목에서 벌어진 일이다. 성경은 이렇게 사람에 대해 철저히 비관적이다. 그리고 안타깝게도 이것이 가장 현실적인 묘사로 「메두사의 뗏목」보다 더 사실적이다. 맹자는 도덕성을 사람의 본성으로 보아 성선설을 주장했고, 순자는 정감과 욕구와 같은 자연성을 본성으로 보아 성악설을 주장했다. 순자는 성악설을 주장했지만 사람이 후천적으로 교육과 경험을 통해 교화된다고 보았다. 하지만 기독교는 비관적 성악설이다. 태어날 때 본성이 이미 부패했고, 그 정도가 너무나 강하여 교육과 설득을 통해서 교화되지 않는다.

　이것은 공산주의의 실패에서도 알 수 있다. 자신의 이득이 보장되지 않는 한 사람은 아무리 사상 교육 및 자아비판과 타아비판을 받아도 열심히 일하지 않고 소비 욕구는 무한해서 공동체를 위해 자신의 소비를 스스로 줄이지 않는다. 사람은 어떤 상황에서도 자기중심적이고, 자신의 생존을 위해서라면 무엇이든 하는 존재다. 우리가 사람이 왜 그렇게 행동하는지 잘 이해하고 싶다면 사람은 근본적으로 이기적이고 자신의 존재감을 높이는 데 우선적 관심이 있음을 알면 된다. 기독교인이 된다는 것은 모든 현상에 대해 사실적 관찰을 한다는 것이고, 동시에 문제를 해결하는 가장 정확한 답을 안다는 것이다.

1. 테오도르 제리코의 「메두사의 뗏목」을 감상하고 소감을 나누어봅시다. 왜 메두
   사호와 같은 배의 침몰이 인류 역사에서 종종 일어날까요?

2. 창세기 2:16-17에서 왜 선악의 열매를 먹는 것이 큰 죄가 되는지 나누어봅시다.
   아담과 하와는 그 죄의 결과로 어떤 부패한 모습을 보였는지 창세기 3:1-13을
   통해 나누어봅시다.

3. 아담과 하와는 그 죄에 대한 벌로 어떤 형벌이 주어졌는지 창세기 3:16-24을 통
   해 나누어봅시다.

4. 아담과 하와, 그리고 그의 후손은 그 죄로 말미암아 어떤 비참한 삶을 살았습
   니까? 창세기 4:1-24, 6:1-8, 11:1-9 등을 통해 살펴봅시다. 현재 여러분의 삶에서
   경험하는 바도 나누어봅시다.

5. 로마서 3:10-18을 읽어봅시다. 성선설과 성악설 중 어느 것이 현실에 맞습니까?
   "기독교는 비관적 성악설이다"라는 표현이 의미하는 바는 무엇입니까?

제6장

예수 그리스도

죄의 근본적 해결자

장미나무
_ 윌리엄 버틀러 예이츠

"물만 주면 될 거야,"
제임스 코닐리가 응답했다.
"그러면 푸른싹이 다시 돋아나
사방으로 퍼져나가고
봉오리의 꽃은 산들거리고
정원의 자랑거리가 되겠지."

"그런데 어디서 물을 길어오지?"
피어스가 코놀리에게 말했다.
"샘들은 모두 말라버렸으니,
오, 너무나 분명하구나
오직 우리의 붉은 피만이
장미나무가 잘 자라게 한다는 거."

The Rose Tree
_ William Butler Yates

'It needs to be but watered,
James Connolly replied,
'To make the green come out again
And spread on every side,
And shake the blossom from the bud
To be the garden's pride.'

'But where can we draw water,'
Said Pearse to Connolly,
'When all the wells are parched away?
O plain as plain can be
There's nothing but our own red blood
Can make a right Rose Tree.'

1923년에 노벨 문학상을 받은 윌리엄 버틀러 예이츠(William Butler Yeats, 1865~1939)는 아일랜드가 영국의 식민 지배에서 벗어나기를 바라는 마음으로 여러 시들을 썼다. 그의 시들 중 약 삼분지 일이 아일랜드에 관한 시인데, 위의 "장미 나무"도 여기에 속한다. 이 시에 나오는 제임스 코널리(James Connolly, 1870-1916)와 패트릭 피어스(Patrick Pearse, 1879-1916)는 1916년 더블린에서 발생한 부활절 봉기를 이끈 지도자들로, 영국군에게 체포되어 총살당한 16명에 속한다. 코널리는 총살 직전 "난 나의 조국을 위하여 죽어가노라"는 유명한 최후의 말을 남겼고, 피어스는 더블린 중앙 우체국 앞에서 "우리는 지금 아일랜드 공화국을 주권국가로서 선포하노라"는 구절이 담긴 아일랜드 독립선언문을 낭독했다.

잉글랜드의 헨리 2세는 1172년에 아일랜드를 침공하여 식민지로 삼았다. 아일랜드는 끈질기게 저항하여 잉글랜드 세력을 점점 몰아냈지만,

1534년 헨리 8세의 대대적인 침공으로 다시 잉글랜드의 식민 지배하에 놓였다. 비록 1916년의 부활절 봉기는 실패로 끝났지만, 1534년부터 지속된 잉글랜드의 400년 식민 지배에 강한 균열을 남겼고, 아일랜드는 1937년에 정식으로 독립했다.

예이츠는 1917년에 쓴 "장미 나무"에서 아일랜드가 독립하기 위해서는 시민들이 붉은 피를 흘리는 투쟁이 필요하다고 역설했다. 시든 장미 나무가 푸른 싹이 돋아나 사방으로 뻗어나가고, 장미꽃이 바람에 산들거리며 정원에서 가장 아름답게 자태를 뽐내려면 물을 줘야 한다. 그렇다면 잉글랜드의 식민 지배로 시들은 아일랜드가 활짝 핀 장미꽃처럼 유럽의 자랑거리가 되려면 무엇을 해야 하는가? 샘들은 모두 말라버렸으므로 일반적인 방법으로는 안 되고 자신들의 붉은 피를 흘리는 투쟁밖에 없다고 말했다.

그런데 예이츠는 자신의 시의 삼분의 일을 할애하도록 아일랜드를 사랑하며 독립을 꿈꾸었는데, 1937년에 정식으로 독립한 아일랜드는 그후 어떠했는가? 이 질문은 1945년에 일제의 강제 점령에서 해방된 대한민국은 어떠했나라는 질문과 비슷하다. 대한민국은 해방 이후 남북으로 갈려 1950년에 한국 전쟁이 벌어졌다. 북한에서는 김일성, 김정일, 김정은으로 이어지는 3대의 부자 세습이 진행되었다. 남한은 몇 번의 정치 격동과 IMF 사태라는 여러 어려움도 겪었지만, 세계가 놀라는 경제발전과 상당한 수준의 민주화를 이루었다.

네 소원이 무엇이냐 하고 하느님이 물으시면 나는 서슴지 않고, "내 소원은 대한 독립이오"하고 대답할 것이다. 그 다음 소원이 무엇이냐 하면 나는 또, "우리나라의 독립이오" 할 것이요, 또 그 다음 소원이 무엇이냐 하는 셋째 번 물음에도 나는 더욱 소리 높여서, "나의 소원은 우리나라 대한의 완전한 자주 독립이오" 하고 대답할 것이다. … 독립이 없는 백성으로 70 평생에 설움과 부끄러움과 애탐을 받은 나에게는 세상에 가장 좋은 것이 완전하게 자주 독립한 나라의 백성으로 살아보다가 죽는 일이다.*

대표적 항일운동가인 김구(1876~1949)는 그의 전 생애를 나라의 독립에 바쳤다. 그는 자신의 소원은 독립이라고 말했다. 하지만 나라의 독립을 본지 4년 후에 그는 이념의 갈등 속에서 죽임을 당했다. 일제에 맞서 싸운 위험한 기간에도 그는 목숨을 유지했지만 정작 그가 바라던 나라의 독립 속에서 목숨을 잃었다. 그는 독립 정부에서 문지기가 될지라도 완전하게 자주 독립한 나라의 백성으로 사는 것이 소원이라고 말했는데, 정작 독립이 되자 목숨을 잃었다.

나라를 잃고 식민 지배를 받는 이들이라면 모두 독립을 원할 것이다. 남북으로 나뉜 한반도는 남한에서나 북한에서나 모두 "우리의 소원은 통일"이라고 노래 부른다. "우리의 소원은 통일"이란 노래가 1947년에 발표될 때는 "우리의 소원은 독립"이었다. 대한민국 정부가 1948년에 수립

---

* 김구, 「나의 소원」 중에서

되면서 "독립"이란 단어가 "통일"로 바뀌어 교과서에 실렸다. 이것을 보면 "우리의 소원"의 대상은 그 당시 결핍되어 가장 필요한 것으로 인식되는 것들이다. 식민 지배일 때는 독립이고, 남북 분단일 때는 통일이고, IMF 사태일 때는 경제 회복이고, 전염병 감염일 때는 전염병의 종식이다. 이 땅에는 늘 결핍과 불만족과 갈등이 있고, 이를 해결하고 싶은 소원이 있다. 그리고 때로 그 순간의 문제를 해결하기 위해서는 예이츠가 말한 것처럼 우리 자신의 붉은 피(our own red blood)가 필요하기도 하다.

문제의 근본적 원인

우리는 모두 당면한 문제만 해결하면 아무 어려움 없이 즐거움이 지속될 것 같은 착각에 빠진다. 그러나 그 기쁨은 잠시이고, 또 다른 문제들이 이어서 발생한다. 고3의 입시 전쟁을 치르고 대학에 들어가면 낭만적인 대학 생활이 기다리는 줄 알지만, 낭만은 잠깐이고 치열한 취직 전쟁이 기다린다. 직장에 들어가면 월급으로 즐길 수 있는 레저 생활이 기다리는 줄 알지만, 회사의 과중한 업무량과 더 힘든 대인관계을 맞닥뜨려야 한다. 결혼하면 행복과 기쁨이 클 줄 알지만, 동시에 부부 간의 갈등과 양가를 챙기는 부담과 자식을 키우는 노고가 발생한다.

아일랜드나 대한민국이나 식민 지배에서 독립하면 낙원이 열리는 줄로 알고 목숨을 걸고 붉은 피를 흘리며 싸웠다. 그런데 독립에서 오는 자유와 자치의 기쁨이 분명 크게 있었지만, 동시에 좌우 분열과 전쟁, 산업화, 민주화, 지역 감정 등의 여러 문제가 발생했다. 한 문제를 해결하고 나면 또 다른 문제들이 계속하여 발생했다.

인생은 왜 고난의 연속이고, 사람들 간의 경쟁과 갈등은 어디에서나 왜 치열할까? 우리는 이에 대한 답을 이미 앞에서 살펴보았다. 아담의 죄로 말미암아 땅이 저주를 받아 가시덤불과 엉겅퀴를 내어, 사람은 얼굴에 땀을 흘려야 먹을 것을 얻게 되었다. 사람 자체도 자기중심적으로 변했다. 남편은 여자가 원하는 것을 들어주려 하지 않고 오히려 다스리려고 한다. 서로 이기적인 사람들이 만나는 곳에는 늘 갈등과 싸움과 살인이 벌어진다.

당면한 문제를 해결하는 것은 대증요법에 지나지 않는다. 문제들이 발생하는 원인을 해결해야만 한다. 즉 아담과 하와가 지은 죄를 해결해야 하고, 그 지은 죄로 인한 인생의 비참함과 죄값을 해결해야 한다. 이것을 해결하지 않는 한 사람은 늘 부족과 갈등과 살인과 죽음의 문제에 빠진다. 아일랜드가 잉글랜드로부터 독립하기 위해 흘린 그들의 붉은 피는 독립을 가져왔을지는 모르지만 그 이후에 발생하는 문제들까지 해결하지 못했다.

사람의 힘으로 근본 원인을 해결할 수 있을까? 동물의 세계를 보통 약육강식과 적자생존이라고 부른다. 사자나 표범은 왜 공격성이 없는 초식동물을 잡아먹을까? 이들에게 약한 동물을 잡아먹거나 괴롭히면 안 된다고 윤리 교육을 시키면 행동과 식성에 변화가 있을까? 없다! 이들의 신체구조가 변하지 않는 한 이들은 생존하기 위해서 약한 동물을 잡아먹어야만 한다.

> 그 때에 이리가 어린 양과 함께 살며 표범이 어린 염소와 함께 누우며 송아지와 어린 사자와 살진 짐승이 함께 있어 어린 아이에게 끌리며 암소와 곰이 함께 먹으며 그것들의 새끼가 함께 엎드리며 사자가 소처럼 풀을 먹을 것이며 젖 먹는 아이가 독사의 구멍에서 장난하며 젖 뗀 어린 아이가 독사의 굴에 손을 넣을 것이라(사 11:6-8).

그런데 하나님 나라에서는 사자의 신체구조가 바뀌어 소처럼 풀을 먹는다. 사자와 표범 같은 포식자들의 사냥 성공률은 높지 않다. 게다가 부상의 위험도 있다. 이들은 풀이 맛있고 소화가 된다면 부상의 위험을 무릅쓰고 사냥할 이유가 없다. 약육강식과 적자생존이 없어지는 날은 동물들의 신체 구조와 인식 기능이 바뀌어야 가능하다. 사람의 경우에는 견물생심 자체가 마음에서 사라져야 사람들 간에 진정한 공존과 평화가 온다.

2012년 4월 23일에 삼성 창업자인 이병철 씨의 장남 이맹희(1931년생) 씨는 "최근 이 회장이 어린애 같은 발언을 하는 것을 듣고 몹시 당황했다"라는 보도 자료를 내면서, 이건희 삼성 회장은 형제들의 불화를 가중시켰고 늘 자기욕심만 챙겨 형제들 간의 소송을 초래했다고 주장했다. 그다음날 이건희(1942년생) 씨는 "이맹희 씨는 나를 군대에 고소하고, 아

버지를 형무소에 넣겠다고 박정희 대통령한테 고발을 했던 양반이랬어. 우리 집에서는 퇴출당한 양반이에요"라고 말했다. 형제간의 악감정은 수조 원대의 유산 상속을 위해 수백억 원의 인지대를 지불해야 하는 소송으로 이어졌는데, 2014년에야 끝났다. 하지만 아무도 승리하지 못한 싸움이었다. 이맹희 씨는 2015년 8월 14일에 84세의 나이로 세상을 떠났고, 이건희 씨는 2014년 5월 11일에 쓰러진 이후 병석에 누워 있다. 이건희 씨의 재산은 수십 조 원에 이른다. 하지만 그 많은 재산이 그에게 아무 소용없다. 두 형제간의 치열한 재산 싸움에서 유일한 승자는 "늙음과 죽음"이다.

이런 재벌 가문의 싸움은 삼성에만 국한되지 않는다. 롯데의 창업주 신격호(1922년생)는 아들 신동주(1954년생)와 신동빈(1955년생)이 치열하게 재산 싸움을 하는 것을 지켜보다 2020년에 쓸쓸하게 유명을 달리했다. 현대도 왕자의 난이라고 불릴 정도로 치열하게 싸웠다. 금호도 두산도 효성도 자식 간의 유산 싸움이 있었고, 일반 필부들도 적은 재산임에도 유산 싸움을 하곤 한다. 견물생심이 사라져야만 유산 싸움이 사라질 터인데, 이런 일이 사람의 능력으로 가능할까?

근본적 원인의 해결자 예수 그리스도

사자가 소처럼 풀을 먹고, 견물생심이 생기지 않고, 늙음과 죽음에서 벗어나려면 어떻게 해야 할까? 다른 종교들은 사람이 이 문제를 해결할 수 있다고 여긴다. 불교는 일체중생이 모두 부처가 될 수 있다고 믿는다. 불성은 부처가 되는 것의 원인, 근거, 가능성을 뜻한다. 부처는 깨달은 자라는 의미로 모든 문제를 해결한 구원받은 자이다. 불교는 더러워진 거울이 깨끗이 닦이면 잘 보이는 것처럼, 사람이 욕심과 무명으로 더러워진 불성을 잘 닦아내면 부처가 될 수 있다고 여긴다. 불성을 닦기 위한 수련을 참선과 절제와 선행 등으로 다양하게 시도한다. 불성이 자신 안에 있다고 믿기 때문에 불교 신도들은 "성불하세요!"라는 말로 인사를 주고받는다.

하지만 사람이 아무리 노력해도 부패한 내면에서 끊임없이 나오는 욕망과 미련함을 해결할 방법이 없다. 사람의 지성은 절대로 객관적이지 않고, 절대 진리를 알지 못하고, 얼마나 많은 편견과 미신 속에 갇히는지 모른다. 지성의 산물인 과학은 편리를 주는 대신에 환경오염과 같은 예기치 못한 부작용을 가져온다. 의료기술의 발달 또한 사람들의 건강한 수명을 획기적으로 늘리지 못하고 죽어가는 사람을 연명시키는 수준이다. 전염병을 뿌리째 뽑은 것도 아니다. 없어진 줄로 알았던 전염병은 주기적으로 발생하곤 한다.

한계가 있는 생산성, 사람의 이기심 그리고 죽음은 아담의 죄로 인해 왔기 때문에 이 죄의 문제를 해결해야만 근본적으로 해결된다. 관건은 사람이 죄의 문제를 해결할 수 있느냐인데, 사람은 결코 할 수 없다. 아담의 후손은 아담의 부패한 속성을 지닌 채 태어나 죄를 지을 수밖에 없고, 죄값으로 죽을 수밖에 없기 때문이다.

그렇다면 누가 아담처럼 사람들을 대표해 죄의 문제를 해결할 수 있는가? 사람은 할 수 없으니 하나님께서 하셔야 한다. 그런데 하나님께서 하시되 사람으로서 하셔야 한다. 하나님이 사람이 되셔야 하는 것이다. 시간과 공간의 통제를 받지 아니하시는 무한과 영원과 불변의 하나님께서 시간과 공간의 통제를 받는 육신이 되시는 일은 매우 낮아지시는 일이다. 이렇게 하나님으로서 사람이 되신 분이 예수 그리스도이시다. 기독교 입문자들이 하나님은 알겠는데, 예수님은 어떤 분인지 모르겠다고 말한다.

예수님이 하나님의 아들이라는 것이 무슨 뜻인지 어려워한다. 결론부터 말하면, 하나님 아버지(성부)께서 예수님을 영원히 낳으시니 예수님은 하나님의 아들(성자)이시다. 사람의 아들은 사람이고, 개의 아들은 개이듯, 하나님의 아들이시라는 것은 하나님이시라는 의미다. 그런데 성부께서 성자를 낳으시는 것은 절대로 시간 속에서 벌어진 일이 아니다. 내

딸은 1999년에 태어났다. 1998년에는 이 땅에 존재하지 않았다. 이런 생각의 연장으로 성부께서 성자를 낳으셨다고 하여, 성자 하나님이 시간 속에서 존재하시지 않았던 때가 있었다고 생각하면 안 된다. 성부께서 성자를 낳은 일은 영원 속에서 벌어지기 때문이다. 시간을 초월해, 시간 없이 벌어진 일이다. 성부와 성자는 영원하신 하나님이시기 때문에 절대로 시간 속에서 존재하시지 않았던 때가 없다.

그렇다면 "영원"은 무엇이고, "시간"은 무엇인가 라는 생각이 들 것이다. 시간은 공간과 함께 피조물이 존재하는 틀이다. 하나님은 피조물을 만드시기 전에 이들이 존재하는 틀로서 시간과 공간을 먼저 만드셨다. 시간과 공간은 절대적인 존재가 아니라, 가변적인 피조물이다. 물리학의 발달로 시간이 중력의 강약에 따라 다르게 흐름이 확인되었다. 같은 시계가 땅 위에 있을 때와 지구 위의 위성에 있을 때 가는 속도가 다르다. 공간도 우리가 실생활에서 접하는 물리적 공간만이 아니라, "사이버 스페이스"(cyber space)와 같은 공간도 있다. 컴퓨터나 스마트폰의 저장 용량도 일종의 공간이다. 사람들은 사이버 스페이스의 존재를 통해 공간이 언제든 축소될 수 있고 없어질 수 있음을 깨닫게 되었다. 사람은 시간과 공간 속에서 비참함과 죽음을 벗어날 수 없지만, 하나님은 시간과 공간을 만드시고 다스리신다. 그러기에 사랑하는 자녀들에게 시간과 공간의 영향을 받지 않는 자유를 주실 수 있다.

① 성령으로 잉태

예수 그리스도는 근본에 있어 하나님의 본체시나 하나님과 동등됨을 취할 것으로 여기지 아니하시고, 자기를 비워 종의 형체를 가지사 사람들과 같이 되셨다(빌 2:6-8). 예수님은 사람이 되실 때 마리아에게서 태어나셨다. 마리아는 아담의 후손인지라 부패한 속성을 갖고 있다. 예수님이 부패한 여인에게서 태어나시면 예수님도 부패한 속성을 지니고 태어나시게 된다. 그렇다면 예수님이 십자가에서 죽으실지라도 자신의 죄에 대한 벌로 죽으시는 것이 되어버린다. 이러한 문제가 발생하지 않도록 예수님은 성령으로 잉태되셨다.

마리아가 요셉과 정혼했는데, 아직 예식을 올리고 동침하기 전에 마리아가 잉태했다. 마리아의 남편 요셉은 의로운 사람인지라, 이를 드러내지 아니하고 가만히 끊고자 했다. 그때 주의 사자가 꿈에 나타나 "요셉아 네 아내 마리아 데려오기를 무서워하지 말라 그에게 잉태된 자는 성령으로 된 것이라"(마 1:20)고 하셨다.

아빠의 정자가 엄마의 난자에게 접근해 신호를 보내면, 난자는 정자를 받아들여 수정되고, 수정체는 엄마의 태속에서 9개월 반 동안 성장한다. 태아는 탯줄을 통해 엄마의 영양분과 산소를 공급받기 때문에 스스로 먹지도 숨 쉬지도 못하는데 막힌 좁은 공간에서 생존한다. 탯줄의 정맥은 태아 쪽으로 영양분과 산소를 공급하고, 탯줄의 동맥은 태아의 노폐물과 이산화탄소를 엄마의 혈액으로 내보낸다. 태아와 엄마는 한 몸 속에서 연결되지만, 동시에 경계도 있어 태아의 혈액형이 엄마의 혈액형과 달라도 섞이지 않는다. 이 얼마나 신비한가? 태아가 엄마의 배 속에서 생존하고 성장하는 일은 우리가 일상적으로 경험해서 평범해 보이지 실은 엄청난 신비다.

이보다 더 신비한 것은 첫째로 예수님께서 성령으로 마리아의 태 속에서 잉태된 것이다. 하나님은 성령을 통해 예수님이 마리아의 태 속에서 잉태되게 하셨다. 둘째로 그 생명체가 마리아의 살과 피로부터 영양과 산소를 공급받지만 성령의 능력을 인해 그녀의 죄로부터 차단된 것이다. 보통의 인체에서 엄마의 혈액이 그대로 태아에게 공급되지 않고 영양과 산소만 태반과 탯줄을 통해 걸러서 공급되듯이, 예수님은 성령의 사역으로 마리아의 죄로부터 차단되고, 그녀의 살과 피에서 영양분과 산소를 공급받는다. 즉 성령의 사역으로 마리아의 살과 피로부터 사람의 본질을 취하셨지만 그녀의 죄로부터 차단된 것이다. 예수님은 아담의 후손임에도 아담의 죄로부터 자유롭고, 그래서 십자가에서 자신의 죄가 아니라, 우리의 죄를 위해 대속의 죽음을 맞이하셨다.

② 그리스도의 생애와 죽음의 가치

예수님은 십자가에 못박혀 살이 찢기고 피가 흐르는 큰 고통의 죽음을 죽으셨다. 멜 깁슨은 영화 「패션 오브 크라이스트」(The Passion of the Christ)에서 이 고통의 죽음을 잘 표현했다. 예수님은 사람이 일반적으로 겪는 죽음의 형태보다 훨씬 고통이 큰 십자가형을 당하셨다. 총살이나 교수형은 짧은 시간 안에 죽지만, 십자가형은 못이 발목과 손목에 박힌 채 몇 시간, 며칠에 걸려 죽는다. 쇠못이 살과 뼈를 관통하니 얼마나 고통이 크겠는가? 태양은 내리쬐니 얼마나 목이 마르겠는가? 고통이 너무 커서 로마 시민에게는 금지된 형벌이었다.

예수님은 죽으시기 전날에 고민하시고 슬퍼하셨고, 제자들에게 "내 마음이 매우 고민하여 죽게 되었으니 너희는 여기 머물러 나와 함께 깨어 있으라"고 말씀하셨다. 그후 조금 나아가사 얼굴을 땅에 대시고 엎드려 "내 아버지여 만일 할 만하시거든 이 잔을 내게서 지나가게 하옵소서. 그러나 나의 원대로 마시옵고 아버지의 원대로 하옵소서"(마 26:39)라고 기도하셨다. 이때 얼마나 간절하게 기도하셨는지 땀이 핏방울 같이 땅에 떨어졌다(눅 22:44).

예수님은 낮은 삶과 극한 고통의 죽음을 겪으셨고, 우리와 똑같은 시험을 받으신 대제사장이시기 때문에 우리의 연약함을 동정하시고 어떤 비참한 삶을 산 사람일지라도 이해하시고 품으신다. 다른 사람들이 이해하기 힘든 고통과 난관이 있을 때, 우리는 긍휼하심을 받기 위해, 그리고 때를 따라 돕는 은혜를 얻기 위하여 은혜의 보좌 앞에 나아가야 한다(히 4:15-16). 예수님은 우리의 마음을 위로하시고 이 세상이 줄 수 없는 평안을 주시며 그 넓으신 품으로 우리를 따스하게 품으신다.

그런데 예수님의 십자가의 죽음에서 우리가 꼭 알아야 할 것은 우리가 법적으로 의로워진 것이란 사실이다. 지난 십여 년 동안 총 7건의 탈옥 성공 사례가 있었는데, 가장 널리 알려진 사례는 1997년 1월에 부산 교도소의 화장실 쇠창살을 절단하고 탈옥하여 2년 6개월간 도망다닌

무기수 신창원 사건이다. 2004년에 치질 수술을 위해 입원했다가 도주하여 1년 6개월여 동안 잡히지 않았던 이낙성 사건도 유명하다. 탈옥자들은 몸은 감옥 밖이라 자유롭지만, 언제 붙잡힐지 모른다는 불안으로 마음은 자유롭지 않다. 지나가는 사람이 잠시만 오래 쳐다봐도 불안하다. 언제 잡힐지 모르는 불안 속에서 잠도 반은 깬 상태로 잔다. 탈옥자들은 다시 잡혀 감옥에 갇히는 첫 날에 숙면을 취한다고 한다.

그런데 이들이 형기를 마치고 감옥을 나설 때는 누가 자기를 오래 쳐다보아도, 저기서 경찰관이 걸어와도 전혀 불안하지 않다. 왜냐하면 형기를 마쳤기 때문에 법적으로 깨끗하고 자유로운 자가 되었기 때문이다. 이렇게 지은 죄에 대한 형벌을 감당하는 일은 중요하다. 아담의 후손도 죽음이라는 죄값을 지불하면 법적으로 의롭고 깨끗한 자가 되는데, 바로 이 죄값을 예수님께서 십자가에서 자신의 죽음으로 지불하셨다. 신자들은 비록 전과자이지만 법적으로 자유인이고 의인이다. 예수님의 죽음을 생각할 때에 우리는 그 고통과 함께 법적인 대속의 형벌을 놓쳐서는 안 된다.

성자 하나님은 이 땅에 오셔서 십자가에 죽으셨을 뿐만 아니라, 살아계신 동안에는 하나님의 모든 말씀을 지키셨다. 하나님께서 아담을 하나님의 형상으로 만드신 것은 하나님의 형상에 맞게 하나님의 말씀대로 살라는 의미다. 그런데 아담은 하나님의 말씀대로 인생을 살며 하나님을 영화롭게 하고 즐거워하는 대신에, 하나님의 말씀을 어기고 선악의 열매를 따먹었다.

예수님은 33년의 생애 동안 아담이 지키지 못한 하나님의 말씀을 지키셨다. 예수님은 아담이 살지 못한 거룩한 삶을 사신 것이다. 예수님은 살아서는 하나님의 모든 말씀을 지키심으로써 아담이 이루지 못한 거룩한 삶을 이루셨고, 죽으실 때에는 신자들의 죄를 짊어지심으로써 아담이 갚지 못한 죄값을 모두 지불하셨다. 신자들에게는 그리스도의 대속의 죽음만이 아니라, 모든 율법을 지키시는 의로운 생애도 필요하다.

예수님은 이렇게 살아서는 우리의 거룩함을 이루시고 죽어서는 우리의 죄값을 지불하실 정도로 거룩하시고 공의로우시다. 이 거룩하시고 공의로우신 속성 때문에 우리를 사랑하심에도 불구하고 우리의 죄를 그냥 용서해주시지 않는다. 하나님은 아무리 큰 죄라도 용서하실 정도로 사랑이 크지만, 동시에 죄를 싫어하시고 죄값을 요구하시는 거룩하시고 공의로우신 분이시다. 하나님의 거룩함은 자신의 독생자를 십자가에 죽게 하실 정도로 크고, 하나님의 사랑은 자신의 독생자를 우리를 위해 내어주실 정도로 크다.

③ 아담과 예수 그리스도의 대표성

아담의 원죄(original sin)는 죽음의 죄값과 전 속성의 부패를 가져왔다. 그런데 왜 아담의 원죄가 모든 후손에게 전해질까(전가)? 로마서 5:12은 "한 사람으로 말미암아 죄가 세상에 들어오고 죄로 말미암아 사망이 들어왔나니 이와 같이 모든 사람이 죄를 지었으므로 사망이 모든 사람에게 이르렀느니라"고 말한다. 아담 한 사람 때문에 죄가 세상에 들어오고,

모든 사람이 죄를 지었다며, 아담에게 전 인류를 대표하는 대표성이 있다고 말한다.

사람이 왜 눈이 두 개이고, 코가 하나일까? 조상이 그렇기 때문이다. 사람 각자의 체형과 체질과 성향이 부모와 상당히 비슷하다. 자녀의 외모만 보고서도 누구의 자식인지 알 정도다. 사람은 조상으로부터 많은 것을 물려받는다. 사람이 왜 짐승과 비교하여 언어와 도구를 사용하고 지능이 높을까? 하나님께서 아담을 하나님의 형상으로 만드셨고, 아담의 것이 그대로 사람에게 유전되었기 때문이다. "잘 되면 내 탓, 못 되면 조상 탓"이라고 사람이 조상에게 물려받은 좋은 점들은 자연스럽게 받아들이고, 나쁜 점들은 불공평하다고 하는데, 실은 사람은 기본적으로 모든 것을 조상에게 물려받는다.

대통령이 어떤 나라와 전쟁하기로 결정내리고, 국회의 동의를 거쳐 선전포고를 하면, 국민과 군인은 전쟁에 동의하지 않더라도 그 전쟁에 참여해야 한다. 대통령은 단순히 개인으로서 전쟁을 하겠다고 결정한 것이 아니라, 온 국민과 군인을 대표하여 전쟁을 결정했기 때문이다. 아담은 이런 대표성의 원리에 따라 모든 후손을 대표하여 죄를 짓고 원죄를 후손에게 물려주었다. 아담은 조상들 중 한 명에 그치지 않고, 첫 조상이라는 독특성을 갖는 것이다.

만약에 죄를 지은 아담이 모든 인류의 대표라는 것만으로 인류 역사가 끝난다면 인류는 불행하기 그지없다. 그런데 인류를 대표하는 사람이 한 분 더 계신다. 바로 예수 그리스도이시다. 예수님은 단순히 사람이 아니라, 하나님으로서 사람이 되셨기에 인류를 대표하실 수 있다.

> 한 사람의 범죄로 말미암아 사망이 그 한 사람을 통해 왕 노릇 하였은즉 더욱 은혜와 의의 선물을 넘치게 받는 자들은 한 분 예수 그리스도를 통해 생명 안에서 왕 노릇 하리로다. 그런즉 한 범죄로 많은 사람이 정죄에 이른 것 같이 한 의로운 행위로 말미암아 많은 사람이 의롭다 하심을 받아 생명에 이르렀느니라. 한 사람이 순종하지 아니함으로 많은 사람이 죄인 된 것 같이 한 사람이 순종하심으로 많은 사람이 의인이 되리라(롬 5:17-19).

예수님이 인류를 대표하여 하신 일은 아담과 대조된다. 아담의 범죄로 많은 사람이 정죄에 이르렀지만, 예수 그리스도의 의로운 행위로 많은 사람이 의롭다 하심을 받는다. 아담의 죄로 많은 사람이 죄인이 되었지만, 한 분 예수 그리스도의 순종으로 많은 사람이 의인이 된다(롬 5:18-19). 아담 한 사람으로 말미암아 사망이 들어왔고, 예수 그리스도로 말미암아 생명이 들어온다. 예수라는 이름은 구원한다는 의미를 갖는다. 마태복음 1:21은 "아들을 낳으리니 이름을 예수라 하라. 이는 그가 자기 백성을 그들의 죄에서 구원할 자이심이라"고 말한다. 예수 그리스도 없는 인류의 삶은 죄와 죽음 이외에 아무것도 없다.

④ 구약의 제물과 예수 그리스도
구약에서는 어떻게 죄인을 향한 하나님의 사랑과 구원이 나타날까? 이

스라엘 백성이 애굽의 종살이에서 빠져 나올 때 열 번째 이적은 애굽에 속한 모든 자들의 장자가 하룻밤 사이에 죽는 일이었다. 그러나 이스라엘은 사람이나 짐승이나 단 한 생명도 죽지 않았다. 하나님은 이스라엘 각 가정이 어린 양을 잡아 집 좌우 문설주와 인방에 그 피를 바르게 하셨다. 하나님께서 밤중에 애굽 땅에서 장자를 치실 때에 그 피가 있는 집은 그냥 지나가셨다. 그냥 지나간다고 해서 이 의식을 유월절(passover)이라고 한다. 그들 대신에 어린 양이 죽임을 당했는데, 이 어린 양은 앞으로 오실 그리스도를 상징했다.

이스라엘 백성은 애굽의 탈출 후에 성막과 성전에서 하나님께 죄를 사하는 제사를 드렸다. 이때 반드시 흠 없는 짐승을 바쳐야 했는데, 죄 없는 그리스도를 상징했다. 그들은 흠 없는 소나 양을 제사장에게로 가져온 후에 번제물의 머리에 안수했다(레 1:4). 이것은 자신의 죄가 그 짐승에게 전가되는 것을 나타냈고, 그 짐승은 당연히 앞으로 오실 그리스도를 나타냈다. 이런 믿음이 없이 짐승을 잡아 죽이는 제사는 의미가 없었다. 이사야 선지자는 이런 믿음 없이 형식적으로 드리는 제사에 대해 아래처럼 통렬하게 꾸짖었다.

여호와께서 말씀하시되 너희의 무수한 제물이 내게 무엇이 유익하뇨. 나는 숫양의 번제와 살진 짐승의 기름에 배불렀고 나는 수송아지나 어린 양이나 숫염소의 피를 기뻐하지 아니하노라. 너희가 내 앞에 보이러 오니 이것을 누가 너희에게 요구하였느냐. 내 마당만 밟을 뿐이니라. 헛된 제물을 다시 가져오지 말라.

분향은 내가 가증히 여기는 바요 월삭과 안식일과 대회로 모이는 것도 그러하니 성회와 아울러 악을 행하는 것을 내가 견디지 못하겠노라. 내 마음이 너희의 월삭과 정한 절기를 싫어하나니 그것이 내게 무거운 짐이라. 내가 지기에 곤비하였느니라(사 1:11-14).

세례 요한은 공적인 생애를 시작하신 예수 그리스도를 보고 이렇게 말했다. "보라, 세상 죄를 지고 가는 하나님의 어린 양이로다"(요 1:29). 예수 그리스도는 이 땅에 죽으시기 위하여 오신 어린 양이시다. 구약의 유월절 때 잡힌 그 어린 양이신 것이다. 예수님은 십자가에서 "다 이루었다"(요 19:30)라고 말씀하시며 죽으셨는데, 이때 성소 휘장이 위로부터 아래까지 찢어져 둘이 되었다(마 27:51). 성전의 핵심이 되는 성소의 휘장이 찢어졌다는 것은 성전의 기능이 끝났다는 것이다. 예수님이 십자가에서 피 흘려 죽으심으로 모두 이루셨기 때문이다. 이후에 신자들은 성전에서 더 이상 짐승 제사를 드릴 필요가 없고, 그 짐승이 상징하는 예수 그리스도에 대한 믿음으로 충분하다.

⑤ 한 인격 두 본성(one person, two distinct natures)

예수 그리스도는 하나님으로서 사람이 되시어 신인이시다. 하나님의 본성(the nature of God, 신성)과 사람의 본성(the nature of man, 인성)이 한 인격에 같이 있다. 무한과 영원과 불변과 자존의 신성이 유한과 변화의 인성과 어떻게 한 인격으로 공존할까? 이것은 사람이 다 이해할 수 없는 신비다. 본질적인 차이가 있는 영혼과 육신이 한 인격을 이루는 것도 역시 신비이지만 현실로 존재하듯, 예수 그리스도의 신성과 인성의 결합도 그러하다.

영혼과 육신의 사람에게 결합의 원리가 영혼에 있듯이, 신성과 인성의 예수 그리스도에게 결합의 원리는 신성에 있다. 성자 하나님께서 인성을 취하신 것이지, 인간 예수가 신성을 취하신 것이 아니다. 하나님으로부터 인간으로의 낮아짐이지, 그 역이 아니다.

신성과 인성은 무한과 유한으로 너무나 큰 차이가 나기 때문에 한쪽이 다른 쪽으로 변질되거나 합성되거나 혼합될 수 없다. 엄마와 태아가 한 몸을 이루어 영양분과 노폐물을 주고받지만, 엄마와 태아 사이에는 경계가 있어 서로 변질과 혼합이 되지 않는 것과 같다. 신앙의 선배들은 신성과 인성의 무한한 차이로 변질·합성·혼합이 없는 것을 "유한은 무한을 받지 못한다"(finitum non capax infiniti)라고 표현했다.

신성과 인성은 변질과 합성과 혼합 없이 한 인격으로 결합되기 때문에 그리스도께서 사람이 되실 신성에는 근본적 변화가 없다. 예수님은 이 땅에서 사역을 하실 때에 신성을 인해서는 무한하고 영원한 속성대로 시간과 공간을 초월하여 일하시고, 인성을 인해서는 시간과 공간에 갇히어 영향을 받으며 일하셨다. 예수님은 이 땅에 계실 때에 인성으로 하나님께 기도하시고, 신성으로 그 기도를 들으셨다. 인성으로는 배고프고 피곤하시고, 신성으로는 여러 이적을 일으키셨고 인성이 그 모든 고통을 참도록 돕고 이끄셨다.

신성은 고난과 죽음과 무지와 연약과 유혹의 영향을 받지 않는다. 유일한 구세주로서 신성과 인성을 한 인격에 가지신 예수 그리스도는 분명 고난과 죽음과 무지와 연약과 유혹을 당하셨지만, 그의 신성 안에서가 아니라 인성 안에서다. 성자 하나님이 죽으신 것이 아니라 예수 그리스도가 죽으신 것이고, 그것도 인성에 있어서 죽으신 것이다. 그런데 신성과 인성이 너무나 밀접하게 결합되어 단일한 인격이시기 때문에 성경은 예수 그리스도의 인성이 죽었다고 하지 않고, 예수 그리스도가 죽었다고 말한다. 영과 육이 너무나 밀접하게 결합된 사람이 어떤 일을 행할 때에 영이 한 일인지, 육이 한 일인지 분리되어 표현되지 않듯이, 신성과 인성으로 너무나 밀접하게 결합된 예수 그리스도는 사역을 하실 때에 신성이 한 것인지, 인성이 한 것인지 분리되어 표현되지 않는다.

따라서 인성에 따른 표현만 보고서 예수님을 사람과 같은 피조물로 보면 안 되고, 신성에 따른 표현만 보고서 예수님은 사람이 아니라고 여겨도 안 된다. 예를 들면 예수님은 사십 일을 밤낮으로 금식하신 후에 주리셨는데(마 4:2), 이것은 인성에 따른 표현이다. 하나님은 영이신지라 금식하시도 않고 주리시지도 않기 때문이다. 그에 반하여 "만물이 그로 말미암아 지은 바 되었으니 지은 것이 하나도 그가 없이는 된 것이 없느니라"(요 1:3)는 구절과 "그는 참 하나님이시요 영생이시라"(요일 5:20)는 표현은 신성에 따른 표현이다.

신성이 인성을 취하신 것은 하늘이 땅을 취하는 것보다 더 낮아짐이다. 게다가 예수 그리스도는 한번 취하신 인성을 그 이후로 절대로 버리시지 않으셨다. 과거에도 신인이셨고, 앞으로도 영원히 신인이시다. 예수 그리스도는 육체로 부활하셨고, 육체로 승천하시어 하나님 우편에 앉아 계신다. 앞으로 다시 오실 때도 신인으로 오신다. 이것은 무엇을 의미하는가? 신성과 인성 간에는 무한과 유한 간의 큰 차이가 나는데, 그 인성이 신성에 어울리도록 영화로워진다는 것이다. 예수 그리스도께서 우리 사람을 대표하시므로 우리도 앞으로 부활할 때에 영화로워진다는 것이다. 하나님께서 우리 안에 거하시고, 우리가 하나님 안에 거하는데 그 거함에 어울리도록 우리가 영화로워지는 것이다. 이 모든 일들이 성자 하나님께서 인성을 취하시고, 그 이후 한번도 인성을 버리시지 않음을 인해 가능하다. 이것을 인해 우리의 미래는 얼마나 영화롭고 안정적인지 모른다.

> 4 그는 실로 우리의 질고를 지고 우리의 슬픔을 당하였거늘 우리는 생각하기를 그는 징벌을 받아 하나님께 맞으며 고난을 당한다 하였노라 5 그가 찔림은 우리의 허물 때문이요 그가 상함은 우리의 죄악 때문이라 그가 징계를 받으므로 우리는 평화를 누리고 그가 채찍에 맞으므로 우리는 나음을 받았도다 6 우리는 다 양 같아서 그릇 행하여 각기 제 길로 갔거늘 여호와께서는 우리 모두의 죄악을 그에게 담당시키셨도다 7 그가 곤욕을 당하여 괴로울 때에도 그의 입을 열지 아니하였음이여 마치 도수장으로 끌려 가는 어린 양과 털 깎는 자 앞에서 잠잠한 양 같이 그의 입을 열지 아니하였도다(사 53:4-7).

예수 그리스도는 우리의 질고를 지고 우리의 슬픔을 당했고, 우리의 허물을 지고 찔림을 당했고, 우리의 죄악을 인해 상했다. 그럼에도 사람들은 그분이 징벌을 받아 하나님께 맞으며 고난을 당한다고 여겼다. 예수님이 십자가에서 징계를 받음으로 우리는 평화를 누리게 되고, 그가 채찍에 맞음으로 우리는 나음을 받는다. 우리의 모든 비참함과 늙음과 죽음이라는 죄악의 결과물을 그가 담당하신 것이다. 그는 곤욕을 당하여 괴로울 때에도 마치 도수장으로 끌려가는 어린 양과 털 깎는 자 앞에서 잠잠한 양 같이 그의 입을 열지 아니했다. 그가 고운 모양도 없고 풍채도 없고, 흠모할 만한 아름다운 것이 없이, 무기력하게 멸시와 버림을 받고 간고를 많이 겪음으로, 우리는 곱고 풍채와 흠모할 만한 아름다움이 있게 되고, 강력하게 존중과 수용과 평안을 누리게 된다. 사람들이 투쟁하며 흘리는 피는 투쟁의 대상을 얻을지 모르지만, 예수 그리스도의 피는 우리에게 하나님 나라와 영생을 가져다준다.

토론문제

1. 윌리엄 버틀러 예이츠의 「장미 나무」와 김구의 「나의 소원」을 낭독해봅시다. 식민지가 독립하면 좋은 점만 있습니까? 아니면 독립으로 인해 어려운 점도 발생합니까? 문제 해결 후 다른 문제가 발생한 경험이 있다면 나누어봅시다.

2. 이사야 11:6-8을 읽어봅시다. 동물의 이런 신체변화가 사람의 힘으로 가능합니까? 여러분이 알고 있는 재산 싸움에 대해 나누어봅시다. 형제들 간에 재산과 유산 싸움이 일어나는 근본 원인이 무엇입니까?

3. 예수 그리스도가 하나님의 아들이란 무슨 뜻입니까? 예수님은 왜 성령으로 잉태되셔야 했습니까?

4. 예수님은 살아계신 동안 하나님의 율법을 다 지키셨고, 죽으실 때는 사람들의 죄를 대신 짊어지셨습니다. 예수님의 이런 생애와 죽음이 지니는 가치가 무엇입니까?

5. 로마서 5:17-19을 읽어봅시다. 왜 아담의 불순종으로 많은 사람이 죄인이 되고, 왜 예수 그리스도의 순종으로 많은 사람이 의인이 되는지 나누어봅시다.

6. 이사야 1:11-14을 읽어봅시다. 구약 백성은 어떤 태도로 제사를 드려야 하나님께서 제물의 피를 기뻐하시며 참된 제물이라고 여겨주십니까? 세례 요한은 왜 예수님을 "보라 세상 죄를 지고 가는 하나님의 어린 양이로다"(요 1:29)라고 했습니까?

7. 예수 그리스도께서 "한 인격 두 본성"이시라는 것에 대해 나누어봅시다. 예수님께서 사십 일의 금식으로 주리셨는데(마 4:2), 이것은 예수님의 어느 본성에 따른 표현입니까? "만물이 그로 말미암아 지은 바 되었으니 지은 것이 하나도 그가 없이는 된 것이 없느니라"(요 1:3)는 구절과 "그는 참 하나님이시요 영생이시라"(요일 5:20)는 구절은 예수님의 어느 본성에 따른 표현입니까?

8. 이사야 53:1-12을 읽어봅시다. 여러분은 이 말씀이 앞으로 오실 예수 그리스도를 의미한다는 것을 알 수 있겠습니까?

제7장

성령 하나님

구원의 적용자

5월의 축제
_ 요한 볼프강 폰 괴테

얼마나 찬란히 빛을 바라는가!
자연은 나를 향해
태양은 얼마나 빛나는가!
초원은 얼마나 찬란한가!

가지마다
꽃들이 피어나고
덤불에선
노랫소리들 들리노니

가슴마다
기쁨과 황홀함이 솟아나고
오 대지여, 오 태양이여,
오 행복이여, 오 환희여,

오 사랑이여, 오 사랑이여,
금빛처럼 빛나는구나
아침 구름처럼
저 높은 곳에서

상쾌한 들에
그대의 축복은 넘치고
이 충만한 세계는
꽃안개에 쌓여있구나!

오 소녀여, 소녀여,
그대를 얼마나 사랑하는지!
그대 눈은 한없이 반짝이고,
그대도 나를 얼마나 사랑하는지!

Maifest
_ Johann Wolfgang von Goethe

Wie herrlich leuchtet
Mir die Natur!
Wie glänzt die Sonne!
Wie lacht die Flur!

Es dringen Blüten
Aus jedem Zweig
Und tausend Stimmen
Aus dem Gesträuch

Und Freud und Wonne
Aus jeder Brust.
O Erd', o Sonne,
O Glück, o Lust,

O Lieb', o Liebe,
So golden schön
Wie Morgenwolken
Auf jenen Höhn,

Du segnest herrlich
Das frische Feld –
Im Blütendampfe
Die volle Welt!

O Mädchen, Mädchen,
Wie lieb' ich dich!
Wie blinkt dein Auge,
Wie liebst du mich!

독일의 작가이자 철학자인 괴테(Johann Wolfgang von Goethe, 1749~1832)는 1771년 봄에 어느 여자를 사랑하며 위와 같은 시를 썼다. 22살의 청년이 연애를 하며 느끼는 감정은 바로 위와 같으리라! 자연은 온통 자신을 향해 빛을 발하고, 태양과 초원은 찬란하게 빛난다. 꽃들은 가지마다 피어나고 덤불에선 노랫소리가 들려온다. 가슴에선 기쁨과 황홀함이 솟아나고, 대지와 태양은 바로 행복이고 환희이리라. 그는 "오, 사랑이여!"라고 외친다. 약동하는 5월에 사랑하는 여인의 반짝이는 눈을 바라보는 그는 자연의 충만함으로 가득 차 있다.

무엇이 5월의 자연을 이렇게 약동케 하고, 청년과 소녀의 마음에 연정이 일게 하는가? 엄마의 젖을 만족스레 먹는 아이와 그런 아이를 사랑스레 쳐다보는 엄마, 수학여행을 떠나는 중고생들의 신나는 수다, 약한 자에게 도움은 주는 손길, 감동스런 음악의 선율, 웅장한 화폭의 그림, 힘을 모은 협동의 즐거움 등은 어떻게 가능할까? 세상 곳곳에 기쁨과 행복과 활력이 있는데 이 모든 것들이 도대체 어떻게 가능한가?

모든 이에게 임하는 성령의 은혜

바로 성령 하나님을 통해서 가능하다. 태초에 하나님이 천지를 창조하셨을 때에 땅은 혼돈하며 공허했고 흑암은 깊음 위에 있었는데, 그때 하나님의 영은 수면 위에 운행하셨다. 성령께서 혼돈하고 공허한 천지를 운행하시며 질서와 활력을 부여하셨다. 하나님께서 땅의 흙으로 사람을 지으시고 생기를 그 코에 불어넣으시자, 사람이 생령이 되었는데, 생기가 바로 성령 하나님이시다. 이처럼 성령은 생명을 부여하시고 유지하시고 발전시키신다.

삼손의 엄청난 힘은 여호와의 영이 임할 때에 가능했는데, 성경은 곳곳에서 여호와의 영이 임할 때 출중한 능력, 비범한 리더십, 강한 힘 등이 발생한다고 말한다. 성령께서 임하시면 지적인 총명도 향상되고, 예술적 능력과 특별한 재능도 발휘되고, 선지자와 제사장과 왕의 직분을 수행할 수 있는 능력도 주어진다.

나는 차가 고장이 나면 신앙이 좋은 기술자보다 수리 능력이 좋은 기술자에게 간다. 성령 하나님은 신자만이 아니라 비신자에게도 차를 고치는 능력을 주시기 때문이다. 뛰어난 예술가, 운동가, 학자, 부자 중

비신자가 차지하는 비율은 신자의 비율보다 오히려 높다. 하나님은 해를 악인과 선인 모두에게 비추시며 비를 의로운 자와 불의한 자 모두에게 내리시듯, 상식과 비범한 능력과 예술에 관한 능력을 신자와 비신자 모두에게 주셨다. 비신자도 죄에 대한 경각심과 도덕과 윤리에 대한 감각을 갖고, 일반적 선과 의를 행하려 하고, 자신의 존재감을 높이기 위해 실력을 갈고 닦는다. 이러기 때문에 불신자들은 업무수행능력만이 아니라 도덕과 양보와 배려 등에 있어서도 신자들보다 낫기도 한다.

비록 이들이 본질적 마음의 변화 없이 도덕적 감동에 머물러서, 이들의 선행은 절대적 의로움에 이르지 못하고, 이들의 총명과 윤리 의식은 예수 그리스도의 존재와 사역에 대한 인식에까지 이르지 못하지만, 그 도덕적 감수성을 인해 사람의 방탕함이 억제되며 사회의 질서와 도덕이 유지된다. 사람의 사회는 약육강식의 동물과 달리 상식과 여론과 법과 징벌을 통해 작동된다. 하나님의 영께서 비신자에게도 주시는 상식과 질서의 은혜를 통해 사람의 죄악이 최악에 이르지 않고 어느 선에서 억제된다. 영원과 진리에 대한 감각과 향수로 사람이 있는 곳에는 다양한 종교가 존재한다. 하나님은 신자만이 아니라 비신자에게도 이런 큰 은혜를 베푸시는 것이다. 사람이 자연의 온갖 혜택을 받으며 지정의를 발휘하여 문명의 사회를 유지하고 발전시키는 것이 그들의 능력과 노력에 있는 것이 아니라, 그 능력과 노력이 발휘되게 하시는 성령 하나님에게 있다. 그럼에도 사람들은 먼 원인으로 일하시는 하나님을 보지 못하기 때문에 자신들의 지혜와 노력과 건강으로 사는 것으로 착각하고 있다.

성령 하나님의 존재 방식

우리는 앞에서 성부 하나님이 성자 하나님을 영원히 낳으심을 살펴보았다. 성경은 이외에 성령 하나님도 계신다고 말한다. 아나니아와 삽비라가 돈 얼마를 감추었을 때에 베드로는 그들이 성령을 속였다고 지적하면서 이것은 사람에게 거짓말한 것이 아니라 하나님께 한 것이(행 5:3-4)라고 말했다. 베드로는 여기서 성령을 하나님이라고 지칭했다. 또 예수님은 부활 후 제자들에게 "너희는 가서 모든 민족을 제자로 삼아 아버지와 아들과 성령의 이름으로 세례를 베풀라"(마 28:19)고 말씀하셨는데, 성령을 성부와 성자와 동등하게 놓으셨다. 성경은 성부와 성자와 동등하신 성령 하나님에 대해 곳곳에서 언급한다.

성부 하나님이 성자 하나님을 영원히 낳으신다고 하는데, "낳으신다는 것"은 무슨 뜻일까? 엄마가 아이를 낳듯, 일정 기간 배 속에 임신한 후 때가 되면 밖으로 생명체를 내는 것일까? 아니다. 성부께서 성자를 낳는 것이 정확히 어떤 의미인지를 사람은 알 수 없다. 무한하고 영원하신 성부 하나님께서 무한하고 영원하신 성자 하나님을 영원히 낳으신 것의 정확한 의미를 유한하고 미련한 사람이 어떻게 알겠는가? 우리는 성경이 아래처럼 말하기에 믿음으로 받아들인다.

여호와께서 내게 이르시되 너는 내 아들이라 오늘날 내가 너를 낳았도다(시 2:7).

천사가 대답하여 가로되 성령이 네게 임하시고 지극히 높으신 이의 능력이 너를 덮으시리니 이러므로 나실 바 거룩한 자는 하나님의 아들이라 일컬으리라(눅 1:35).

우리가 그 영광을 보니 아버지의 독생자의 영광이요(요 1:14).

하나님이 세상을 이처럼 사랑하사 독생자를 주셨으니(요 3:16).

시편 2:7은 여호와께서 성자 하나님을 오늘날 낳았다고 말한다. "오늘날"이란 영원한 오늘을 뜻하는데, 영원이란 시간을 초월하여 시간의 통제를 받지 않고 오히려 시간을 장악하고 관리하는 것이다. 그 영원이란 차원에서 성부와 성자의 관계는 성부가 성자를 낳으신 것이다. 누가복음 1:35에서 천사는 마리아에게 "나실 바 거룩한 자는 하나님의 아들이라"고 하는데, 여기서 하나님의 아들이란 바로 하나님이시란 의미다. 요한복음 1:14은 예수 그리스도를 아버지의 독생자의 영광이라고 말한다. 독생자란 외아들이란 뜻인데, 성부가 영원히 낳으신 분은 유일하다는 뜻이지 성부가 오직 한 명의 아들밖에 낳지 못했다는 뜻이 아니다. 요한복음 3:16도 같은 의미로 예수님을 독생자라고 부른다.

성자의 존재 방식이 성부가 성자를 영원히 낳음이라면, 성령의 존재 방식은 무엇일까? 성령은 성부와 성자로부터 나옴으로써 존재하신다. 요한복음 15:26은 "아버지께로부터 나오시는 진리의 성령이 오실 때에"

라고 하면서 성령이 아버지께로부터 나오신다고 말한다. 이 나옴은 성자의 낳아짐처럼 시간을 초월하여 영원히 이루어진 일이지 절대로 먼 과거란 시간 속에서 벌어진 일이 아니다.

성자와 성령은 시간 속에서 존재하시지 않았던 때가 없다. 성자와 성령이 낳아짐과 나옴으로 존재하신다는 것은 절대로 시간 속에서가 아니라 영원 속에서이기 때문이다. 이것을 혼동하면 기독교가 말하는 성부와 성자와 성령의 핵심을 놓치게 된다. 성부와 성자와 성령은 시간이라는 피조 세계와의 관계에서는 모두 다 스스로 존재하심을 명심해야 한다. 영원이라는 각 위격의 관계에서 볼 때 성부만 스스로 존재하시고, 성자는 성부께서 낳으심으로, 성령은 성부와 성자로부터 나오심으로 존재하신다.

성부가 성자를 낳으신다는 것은 이 세상에서 어머니가 아이를 낳는 것에서 연상되는 바가 있지만, 나오신다는 것은 이 세상에서 연상되는 바가 매우 적다. 요한복음 15:26이 말하는 바와 같이 우리는 성경이 성령의 존재 방식에 대해 이렇게 말하기 때문에, 성령은 아버지로부터 나오시는 방식으로 존재한다고 믿으며 그 나오심이 무엇인지에 대해서는 직접적이고 즉각적인 통찰로 느껴지는 수준에 만족한다.

사람은 이 땅에서 모르는 바가 참으로 많다. 사람이 어떻게 그리스도인으로 거듭나는지도 모른다. 바람이 임의로 불므로 그 소리는 들어도 어디서 와서 어디로 가는지 알지 못하는 것처럼 성령으로 난 사람도 그러하다(요 3:8). 사람이 엄마의 태에서 어떻게 만들어지는지도, 지구가 공중에 어떻게 떠있는지도 모른다. 보이는 것은 나타난 것으로 말미암아 된 것이 아니다(히 11:3). 신비하신 하나님께서 신비하게 만들어 놓으셨다. 그러므로 성부가 성자를 낳으시는 것과 성령이 성부와 성자로부터 나오시는 것도 사람이 정확히 알 수 없고, 그저 하나님께서 주신 믿음으로 직접적이고 즉각적인 통찰에 의하여 느끼는 것이다.

성자 하나님은 영원히 성부로부터 낳아지셨고, 2천 년 전에 성령으로 잉태되어 마리아에게서 태어나셨다. 예수 그리스도가 성부 하나님으로부터 영원 전에 낳아지신 것과 그 성자 하나님이 2천 년 전에 사람이 되신 것을 혼동하면 안 된다. 많은 이들이 이 두 개를 혼동하여, 예수님은 마리아에게 태어나실 때에야 존재하신 것으로 착각한다. 이렇게 착각하면 예수 그리스도는 구약에서는 존재하시지 않고, 신약에서 마리아에게 태어날 때부터 존재하시게 된다.

또 성령 하나님은 영원히 성부와 성자로부터 나오시고, 2천 년 전 예수 그리스도의 죽음과 부활과 승천 이후 오순절에 이 땅에 오셨다. 성령 하나님이 성부와 성자로부터 영원 전에 나오신 것과 그 성령 하나님이 2천 년 전에 이 땅에 오신 것을 혼동하면 안 된다. 역시 많은 이들이 이 두 개를 혼동하여 성령 하나님은 예수님의 죽음 이후 오십 일이 지나서야 이 땅에 오시어 활동을 하신 것으로 착각한다. 이렇게 착각하면 성령 하나님은 구약에서는 존재하시지 않고, 신약에서 예수님의 승천 이후 오순절부터 존재하시게 된다.

구약에 있는 하나님의 모든 사역은 성부께서 하신 것이고 성자와 성령이 하신 것은 하나도 없게 된다. 성자와 성령은 성부처럼 구약 시대에도 존재하셔서, 성부와 같이 이 세상을 창조하셨고, 이 땅의 모든 사역에 동참하셨다. 구약성경에서 하나님이 말씀하셨다면, 이는 성부만 말씀하신 것이 아니라 성자와 성령도 말씀하신 것으로 생각해야 한다. 성경이 하나님을 어떤 특정한 위격으로 표현하지 않는 한 우리는 그 하나님을 삼위일체 하나님으로 여겨야 한다. 그런데 얼마나 많은 사람들이 성경의 하나님을 성부 하나님으로만 인식하는지 모른다.

우리가 하나님을 이렇게 성부와 성자와 성령의 삼위일체 하나님으로 옳게 인식하면 하나님의 사역을 더 풍성하게 이해할 수 있다. 예를 들면, 하나님은 애굽에서 모든 장자를 죽이는 열 번째 이적을 하셨을 때에 이스라엘 백성에게 어린 양을 취하여 그 피를 집 좌우 문설주와 인방에 바르라고 말씀하셨는데, 이 하나님은 꼭 성부만이 아니시고, 성자 하나님과 성령 하나님이시기도 하다.

성자 하나님께서 말씀하시는 것으로 보면 성자 하나님께서 앞으로 어린 양이 되어 죽으신다는 의미를 갖는다. 성자는 어린 양을 취하라고 말씀하셨을 때에 바로 자기 자신을 취하라고 말씀하신 것이다. 이 말씀을 하시는 성자의 마음은 어떠하셨을까? 하나님께서 에덴동산에서 뱀에게 여자의 후손과 원수가 되게 하시겠다고 말씀하셨을 때에, 성자는 바로 자기 자신이 여자의 후손이 되어 뱀과 원수가 되겠다고 말씀하신 것이다. 자기 자신이 사람이 되어 십자가에 죽음으로써 뱀의 머리를 상하게 할 것이라고 말씀하신 것이다. 성자는 이와 똑같은 심정으로 이스라엘 백성에게 어린 양을 취하라고 말씀하신 것이다. 우리가 이처럼 구약의 하나님을 성부로만 국한하지 않고 성자와 성령에게까지 확장할 때에 하나님의 마음과 사역을 더 깊이 이해할 수 있다.

서로 사랑하시고 연합하시는 성부와 성자와 성령

성부와 성자와 성령은 하나의 같은 본질을 지니신 하나님이시다. 같은 본질을 지니셨기 때문에 성부와 성자와 성령은 똑같이 영원하시고 무한하시고 불변하시다. 같은 속성을 지니신다. 같은 속성을 지니셨기에 능력과 영광도 같다. 성부와 성자와 성령은 한 본질, 한 속성이시기에 세상을 창조하시고 섭리하시고, 사람들을 구원하시는 사역을 하실 때에 서로에게서 분리되지 않으신다. 어떤 위격만 하실 수 있고, 다른 두 위격은 하실 수 없는 일이란 존재하지 않는다. 모두 전능하시고 전지하시기 때문에 모두 가능하여, 다른 위격들은 모르고 한 위격만 아는 채로 진행되는 일도 없다.

　예수 그리스도가 마리아에게서 나실 때도 성부께서 이를 계획하시고 진행하시고, 성자께서 사람이 직접 되시어 마리아에게 태어나시고, 성령께서 성자로 죄 없이 마리아의 태에서 잉태되게 하시고 자라게 하신다. 예수 그리스도가 십자가에 못 박혀 죽으실 때도 성부께서 그 모든 고통을 지켜보시고 인내하시며 진행하시고, 성자는 그 모든 고통을 직접 감수하시고, 성령은 한없이 예수 그리스도에게 자신을 부어주심으로 그 고통과 죽음에서 승리하게 하신다. 이런 형태로 삼위 하나님은 모든 사역을 같이 하신다.

이렇게 분리할 수 없으며 분리되지 않은 채 역사하시는 삼위 하나님은 서로를 얼마나 즐거워하시는지 모른다. 성부와 성자와 성령은 서로를 사랑하시는데, 성부가 성자 안에 계시고, 성자가 성부 안에 계시는 밀접한 연합의 차원으로 사랑하신다.

> 내가 아버지 안에 거하고 아버지는 내 안에 계신 것을 네가 믿지 아니하느냐. 내가 너희에게 이르는 말은 스스로 하는 것이 아니라 아버지께서 내 안에 계셔서 그의 일을 하시는 것이라. 내가 아버지 안에 거하고 아버지께서 내 안에 계심을 믿으라(요 14:10-11).

위의 말씀은 예수님께서 제자들에게 하신 말씀이다. 예수 그리스도는 성부 하나님 안에 거하시고, 성부는 성자 안에 거하신다. 성부와 성자와 성령은 한 본질이시라 절대로 분리되지 않고 서로가 서로 안에 거하신다. 얼마나 밀접하게 연합되어 있는지 모른다.

> 그 날에는 내가 아버지 안에, 너희가 내 안에, 내가 너희 안에 있는 것을 너희가 알리라(요 14:20).

아버지여, 아버지께서 내 안에, 내가 아버지 안에 있는 것 같이 그들도 다 하나가 되어 우리 안에 있게 하사 세상으로 아버지께서 나를 보내신 것을 믿게 하옵소서. 내게 주신 영광을 내가 그들에게 주었사오니 이는 우리가 하나가 된 것 같이 그들도 하나가 되게 하려 함이니이다. 곧 내가 그들 안에 있고 아버지께서 내 안에 계시어 그들로 온전함을 이루어 하나가 되게 하려 함은 아버지께서 나를 보내신 것과 또 나를 사랑하심 같이 그들도 사랑하신 것을 세상으로 알게하려 함이로소이다(요 17:21-23).

하나님은 사람을 너무나 사랑하셔서, 사람을 하나님의 형상으로 만드셨다. 사람이 하나님의 형상을 갖게 된 것은 사람에게 어떤 이유나 자격이 있어서가 아니라, 오직 하나님의 사랑 때문이다. 사람을 자신의 형상으로 만드신 삼위일체 하나님은 서로를 사랑하시고 서로에게 거하신 것처럼, 하나님이 사람들 안에, 사람들이 하나님 안에 있게 하셨다. 아담과 하와가 에덴동산에서 하나님의 말씀을 온전히 지키고, 나무의 열매를 따먹지 않았다면 궁극적으로 이렇게 되었을 것이다. 성부가 성자 안에, 성자가 성부 안에 있는 것 같이 사람들도 다 하나가 되어 성부와 성자 안에 있게 된다. 아담은 하나님께서 여자를 만드셔서 자기에게 이끌어 오셨을 때에 "이는 내 뼈 중의 뼈요 살 중의 살이라" 했고, 성경은 "이러므로 남자가 부모를 떠나 그의 아내와 합하여 둘이 한 몸을 이룰지로다"(창 2:24)라고 말한다. 남자와 여자는 서로가 서로 안에 거하며 하나가 되는 것이다. 사람들이 서로 안에 거하며 하나가 되고, 그 사람들은 예수님 안에 있고, 예수님은 그들 안에 있게 된다.

여자의 근원은 남자이고, 여자의 머리는 남자인데, 이것은 아담에게서 여자가 나왔다는 뜻이다. 이것은 남자와 여자 간의 관계에 관한 표현이지, 결코 남자와 여자의 본질에 관한 표현으로 우열을 말하는 것이 아니다. 사람의 본질이란 측면에서는 남자나 여자나 같다. 성부와 성자는 한 본질로 같으시지만, 성부께서 성자를 낳으셨기 때문에 그리스도의 머리는 성부인 것과 같다. 동등 속의 질서이다. 남자와 여자는 본질에 있어서 같기 때문에 서로가 서로 안에 거하며 하나가 되고, 그 하는 일에 있어서도 영적으로, 정신적으로, 정서적으로 분리되지 않는다. 남편과 아내는 서로 영과 마음과 몸으로 지지하고 도와야 한다. 남자와 여자는 서로 사랑하며 하나가 될 때 가장 행복하고 기쁘다.

사람들은 하나가 되어야 하고, 다 하나가 되어 성부와 성자와 성령 안에 있어야 한다. 하나님께서 사람들을 하나님의 형상으로 만드시고, 그들이 죄를 지었을 때에 다시 구원하시어 재창조하신 것은 그들로 하나가 되게 하려 하심이다. 그들로 온전함을 이루어 하나가 되게 하려 하심이 하나님께서 사람을 창조하시고 구원하시는 이유이고 목적이다.

사랑하는 자들아, 하나님이 이같이 우리를 사랑하셨은즉 우리도 서로 사랑하는 것이 마땅하도다. 어느 때나 하나님을 본 사람이 없으되 만일 우리가 서로 사랑하면 하나님이 우리 안에 거하시고 그의 사랑이 우리 안에 온전히 이루어지느니라. 그의 성령을 우리에게 주시므로 우리가 그 안에 거하고 그가 우리 안에 거하시는 줄을 아느니라. 아버지가 아들을 세상의 구주로 보내신 것을 우리가 보았고 또 증언하노니 누구든지 예수를 하나님의 아들이라 시인하면 하나님이 그의 안에 거하시고 그도 하나님 안에 거하느니라. 하나님이 우리를 사랑하시는 사랑을 우리가 알고 믿었노니 하나님은 사랑이시라. 사랑 안에 거하는 자는 하나님 안에 거하고 하나님도 그의 안에 거하시느니라(요일 4:11-16).

하나님은 사랑이시다. 성부는 성자를 창세 전부터 사랑하시고(요 17:24), 성자 또한 성부를 사랑하신다(요 14:31). 성부와 성자와 성령은 하나이시기에 서로 사랑하시고, 서로 사랑하시기에 온전히 하나이시다. 그 사랑의 하나님께서 우리를 사랑하셨은즉 우리도 서로 사랑하는 것이 마땅하다. 우리가 서로 사랑하면 우리 안에 하나님이 거하신다. 우리 안에 하나님이 거하시고 우리가 하나님을 사랑하는가를 판별하는 법은 우리가 서로 사랑하는지를 살피면 된다. 하나님이 우리 안에 거하시고 우리가 하나님 안에 거한다면 우리는 하나님과 다른 사람들을 사랑하게 되어 있다.

세 위격은 서로를 사랑하시어 서로 안에 거하신다. 우리 또한 서로를 사랑하여 서로 안에 거해야 한다. 남을 사랑하는 자는 율법을 다 이루었다(롬 13:8). 사랑보다 위대한 것이 없다. 하나님은 우리를 사랑하시어 하늘과 땅과 만물을 창조하셨고, 지금도 여전히 붙드시고 통치하시고, 사람이 되시어 고난을 받고 십자가에 못 박혀 죽으시기까지 하셨다.

그러므로 우리도 마땅히 사랑해야 한다. 서로가 서로에게 거하며 하나뉨의 기쁨을 누리기 위해 자기 자신을 부인해야 한다. 자기 자신에 대한 부인 없이 어떻게 하나가 되겠는가? 우리가 서로 사랑할 때 하나님은 크게 기뻐하신다. 예수님은 제자들에게 이렇게 말씀하셨다. "새 계명을 너희에게 주노니 서로 사랑하라 내가 너희를 사랑한 것 같이 너희도 서로 사랑하라 너희가 서로 사랑하면 이로써 모든 사람이 너희가 내 제자인 줄 알리라"(요 13:34, 35). 성부와 성자와 성령의 삼위일체 하나님을 알수록 우리는 자신을 더욱 부인하고, 자기 십자가를 지고 그리스도를 따르며(마 16:24), 서로 안에 거하며 하나가 되어야 한다. 이 기쁨과 목적보다 더 큰 것이 없다. 사랑하는 자는 모든 것을 이룬 자이고, 예수 그리스도의 온전한 제자가 된다.

그리스도와 신자 간의 신비한 연합

선악의 열매를 따먹은 아담과 하와는 동산에 거니시는 여호와 하나님의 소리를 듣고 그분의 낯을 피하여 동산 나무 사이에 숨었다. 그들은 하나님으로부터 분리된 것이다. 삼위 하나님은 서로가 서로 안에 거하며 기쁜 교제를 나누는데, 그들은 하나님을 피했다. 이들은 다시 어떻게 하나님과 연합이 되어 하나님과 교제할 수 있을까? 바로 예수 그리스도의 십자가 죽음을 통해서 가능하다. 예수님께서 죽음으로 사람들의 죄값을 지불하실 때 그들은 예수님과 연합할 수 있다.

나는 포도나무요 너희는 가지라. 그가 내 안에, 내가 그 안에 거하면 사람이 열매를 많이 맺나니 나를 떠나서는 너희가 아무것도 할 수 없음이라(요 15:5-6).

너희 몸이 그리스도의 지체인 줄을 알지 못하느냐. 내가 그리스도의 지체를 가지고 창녀의 지체를 만들겠느냐. 결코 그럴 수 없느니라(고전 6:15).

또 만물을 그의 발 아래에 복종하게 하시고 그를 만물 위에 교회의 머리로 삼으셨느니라. 교회는 그의 몸이니 만물 안에서 만물을 충만하게 하시는 이의 충만함이니라(엡 1:22-23).

오직 사랑 안에서 참된 것을 하여 범사에 그에게까지 자랄지라. 그는 머리니 곧 그리스도라. 그에게서 온 몸이 각 마디를 통해 도움을 받음으로 연결되고 결합되어 각 지체의 분량대로 역사하여 그 몸을 자라게 하며 사랑 안에서 스스로 세우느니라(엡 4:15-16).

누구든지 언제나 자기 육체를 미워하지 않고 오직 양육하여 보호하기를 그리스도께서 교회에게 함과 같이 하나니 우리는 그 몸의 지체임이라(엡 5:29-30).

사람에게는 버린 바가 되었으나 하나님께는 택하심을 입은 보배로운 산 돌이신 예수께 나아가 너희도 산 돌 같이 신령한 집으로 세워지고(벧전 2:4-5).

성경은 포도나무와 가지(요 15:5), 몸과 지체(고전 6:15, 엡 5:29-30), 머리와 몸(엡 1:22-23, 4:15-16), 기초석과 건물(벧전 2:4-5), 남편과 아내(엡 5:23-32) 등의 형태를 통해 예수 그리스도와 신자가 연합된 것을 표현한다. 이런 다양한 형태의 표현일지라도 그리스도와 신자의 하나 된 연합을 다 나타내지 못한다. 그리스도와 신자는 끈이나 철과 같은 물리적 형태로 연결되지 않고, 영적으로 연합된다. 육체적인, 물리적인 연합이 아닌 영적인 연합이지만, 추상적인 연합이 아니라 실제로 강력하게 존재하는 연합이다.

사람들은 이메일, 카톡, 전화, 택배, 상하수도관 등을 통해 정보와 물건을 주고받는다. 직접 만나 손으로 주고받기도 한다. 재산 같은 경우는 상속의 유언을 통해 전달이 된다. 그런데 이런 방법에는 모두 한계가 있다. 위조와 분실의 위험이 있고, 연결체가 깨지기도 하고, 누군가 중간에서 사기와 강탈로 채가기도 한다. 설령 확실하게 전달이 될지라도 받은 자가 그것을 지킬 힘과 지혜가 없으면 아무 소용이 없다. 경쟁자와의 치열한 경쟁에서 이긴 자가 전리품을 아들에게 상속할지라도 그 아들이 어리석으면 전리품은 경쟁자의 수중에 들어가 버린다.

두 대상이 연결되고 소유물이 전달되는 데에는 다양한 형태가 있다. 밧줄, 나사못, 본드와 같은 접착제, 강철, 전선, 철근 콘크리트 등이 있다. 목재로는 삼사 층 지을 수 있지만, 철근 콘크리트는 얼마나 튼튼하게 서로 연결이 되는지 몇 십 층 고층까지 지을 수 있고, 웬만한 지진도 견디어낸다. 하지만 아무리 튼튼한 연결 소재일지라도 백 년, 천 년이란 세월을 견디어내지 못하고, 리히터 규모 9와 같은 강한 지진과 핵폭탄에 무

너진다.

그런데 태양과 지구가 어떻게 연결이 되는지 생각해보자. 태양과 지구의 거리는 약 1억 5천만 km다. 초속 30만 km의 빛으로도 8분 20초 걸리고, 시속 1,000km의 비행기로 17년 걸리고, 시속 100km의 자동차로 휴게소에 들르지 않고 잠도 안 자고 가면 170년 정도 걸린다. 이렇게 먼 거리임에도 불구하고 태양과 지구는 중력으로 연결되어 있다. 지구는 태양의 중력에 의하여 태양을 벗어나지 않고 태양 주변을 돈다. 중력은 그 어떠한 접착제보다 더 강하다. 아직 중력을 끊어버리는 기계가 발명되지 않았다.

사랑이라는 접착제도 생각해보자. 유치원에서 집으로 돌아오는 아이들은 엄마를 열렬하게 찾는다. 초등학교 1학년생은 학교 수업이 끝나자마자 부리나케 집에 있는 엄마에게 달려온다. 사랑하는 연인을 보라. 멀리 떨어져있어도 자주 카톡과 전화로 소통하고, 퇴근 후 피곤한 상태에서도 기쁨으로 만난다. 모두들 사랑으로 연결되어 있기 때문이다.

예수님과 신자의 연합은 중력이나 사랑보다 더 강한 영적 연합이다. 신학자들은 이 연합이 너무도 신비하여 아예 "신비한 연합"이라고 명명할 정도다. 예수 그리스도의 죽음을 인해 법적으로 객관적으로 가능해진 연합이고, 성령에 의해 주관적으로 실현되는 연합이다. 예수 그리스도께서 나 자신을 위하여 십자가에 죽으심으로 나와 연합되었음에도 내가 이 사실을 모르면 연합의 유익을 누리지 못하는데, 바로 성령께서 그리스도와 신자의 연합이 실현되게 하시고 신자로 누리게 하신다. 그리스도께서 객관적으로 실현하신 연합을 성령께서 주관적으로 성도에게 적용하신다. 성령은 그리스도께서 신자의 구원을 위해 획득하신 모든 것을 취하시어 신자에게 전해주신다.

사람이 예수님 안에 거하지 아니하면 나무에서 떨어진 가지처럼 밖에 버려져 마른다. 나무에서 떨어진 가지가 한동안은 푸르름을 유지하지만, 나무로부터 영양과 수분을 공급받지 못하면 이내 마르고 만다. 사람은 예수님과 연합될 때만 예수님이 획득하신 구원의 모든 것을 받을 수 있다. 신자는 연합을 통해서 예수님과 함께 십자가에 못 박혔고 같이 죽었고 부활했고 하나님 우편에 앉아 있는 것이다. 그리고 성령께서는 그리스도가 획득하신 공로를 역사 속에서 각 신자에게 적용하시며 실현하시어 신자로 자신이 그리스도와 연합되어 같이 못 박히고 죽고 부활하고 하나님 우편에 앉음을 알게 하시고 누리게 하신다.

성령께서는 그리스도와 신자가 연합되었기에, 신자 가운데 거하신다 (고전 6:19). 신자의 몸이 성령의 전이 된다. 성령께서는 신자 안에 거하시며 그리스도께서 획득하신 모든 것이 신자의 것이 되게 하신다. 그리스도와 신자가 단순히 연결되는 것에 그치지 않고, 그리스도가 획득한 생명과 구원이 신자에게 전달되게 하신다. 서로가 서로를 진정으로 사랑하도록 하시는 것이다. 성령께서는 연약할 수밖에 없고 죄를 짓기 쉬운 신자를 도우신다. 신자가 마땅히 기도할 바를 알지 못할 때 성령께서 말할 수 없는 탄식으로 신자를 위하여 친히 간구하신다. 이것이야말로 예수님께서 아버지 안에, 아버지께서 예수님 안에 계신 것처럼 신자 또한 하나님 안에 있고, 하나님께서 신자 안에 있는 것이지 않겠는가!

나의 어머니는 2018년 8월 어느 날 갑자기 머리가 아프시다며 쓰러지셨다. 그후 무의식 상태로 중환자실에 열흘 간 계시다 이 세상을 떠나셨다. 나는 결혼 후에도 20년간 어머니와 같이 살았다. 그런데 쓰러지시자 어머니는 중환자실에 계셔야 했다. 그로부터 10일 후에는 병원마저 떠나고 이 세상마저 떠나 육신은 묘소에, 영혼은 하나님께 가 계셨다. 어머니가 숨을 거두는 날 나는 이별의 아픔 속에서 어머니의 귀에 대고 "사랑해요, 어머니! 먼저 가 계세요. 저도 열심히 목회한 후에 어머니 계신 하늘나라로 갑니다. 거기서 재회의 기쁨을 누려요!"라고 말했다.

결혼한 후에도 같이 살았던 어머니를 이 땅에서 떠나보내는 아픔이 얼마나 컸는지 모른다. 할머니와 같이 산 다섯 명의 손주들도 장례 기간 동안 많이 울었다. 이 세상에서 가족과 헤어지는 아픔보다 큰 것도 별로 없다. 그렇다면 이 세상을 떠나는 가족과 다시 연합하여 하나가 되는 방법은 무엇인가? 오직 예수 그리스도의 죽음 밖에 없다. 예수님이 십자가에 죽으심으로 나와 하나가 되신다. 예수님이 내 안에, 내가 예수님 안에 거한다. 그리고 예수 그리스도를 믿는 가족도 예수님 안에 거한다. 신자들은 예수님 안에 거함을 인해 신자들 간에도 서로 거하게 된다. 나는 이 믿음을 갖고 어머니에게 "사랑해요, 어머니! 먼저 가 계세요."라고 했다. 가족에 대한 사랑이 헛되지 않고 다시 만나 영원한 교제와 사랑을 나눌 수 있는 방법은 그리스도를 통한 성령 안에서의 연합밖에 없다.

> 31 빌기를 다하매 모인 곳이 진동하더니 무리가 다 성령이 충만하여 담대히 하나님의 말씀을 전하니라 32 믿는 무리가 한마음과 한 뜻이 되어 모든 물건을 서로 통용하고 자기 재물을 조금이라도 자기 것이라 하는 이가 하나도 없더라 33 사도들이 큰 권능으로 주 예수의 부활을 증언하니 무리가 큰 은혜를 받아 34 그 중에 가난한 사람이 없으니 이는 밭과 집 있는 자는 팔아 그 판 것의 값을 가져다가 35 사도들의 발 앞에 두매 그들이 각 사람의 필요를 따라 나누어 줌이라(행 4:31-35).

예수님의 제자들이 간절히 기도할 때 무리가 다 성령이 충만했다. 그 결과 첫째로 그들은 담대히 하나님의 말씀을 전했다. 성령 충만한 신자들은 우선적으로 하나님의 말씀을 전했다. 하나님의 말씀만이 진리이고 생명이라는 확신이 있고, 예수님을 모르고 죽어가는 영혼들이 안타까워 말씀을 전했다. 자신만이 아니라 다른 사람들도 생명과 활력과 약동을 얻기를 바라고, 이것보다 더 큰 가치가 없기에 말씀을 안 전할 수 없었다.

둘째로 또한 성령이 충만한 자들은 말씀을 전하기만 한 것이 아니라, 그 말씀대로 살려고 했다. 성령을 인해 말씀의 가치를 알고 살 능력이 생겼기 때문이다. 진리와 사랑의 성령께서 내주하시기 때문에 자신의 생각과 욕심을 버리고 통제하며 한마음과 한 뜻이 되었다. 다른 성도들을 자신의 형제로 여겨 자신의 물건을 다른 성도들과 나누었다. 큰 은혜를 받아 성령 충만한 자는 재물에 대한 욕심을 버리고 각 사람을 위하여 사용한다. 그런 공동체에는 가난한 사람이 없어진다. 밭과 집이 있는 자는 팔아 각 사람의 필요를 따라 나누고, 모든 물건을 서로 통용한다. 자기 재물을 조금이라도 자기 것이라 하는 자가 없다. 공산주의는 바로 이것을 실현하고자 하지 않았는가? 하지만 부패한 사람의 마음은 아무리 사상교육을 시키고 촘촘히 감시하고 억압해도 틈만 나고 기회만 있으면 자신의 이익을 집요하게 추구하기 때문에 공산주의는 실패할 수밖에 없었다. 오직 성령으로 충만한 자만이 그 부패한 마음이 하나님의 거룩함과 사랑으로 회복되어 자신의 이익을 버리고 공동체를 위하여 행하게 된다. 예수님의 죽으심 이후 세워진 초대교회는 서로가 서로 안에 거하며 하나님의 사랑을 풍성하게 누리는 공동체였다.

성령보다 더 강력하게 생명과 활력과 약동과 사랑을 전하는 존재가 있을까? 없다. 자연의 관찰과 인생의 경험을 통해 일반인도 자연의 빛, 태양의 빛남, 초원의 찬란함, 꽃들의 피어남, 노랫소리, 기쁨과 황홀함, 행복과 환희, 사랑에 대해 알고 있다. 하지만 오직 신자만이 이 모든 것들이 성령 하나님을 인해 가능한 것임을 안다. 일반인은 이 모든 것들을 관찰하고 추구하지만, 덧없는 인생을 살면서 찬란한 초원은 겨울을 인해 회색빛으로 변하고, 피어난 꽃들은 시들고, 화려한 파티에는 끝이 있고, 행복과 환희는 지속되지 않음을 경험적으로 알게 된다. 그들의 마음은 영적 허무함으로 물들어 있다.

하지만 성령이 내주하시는 신자는 이 모든 것들을 마음껏 즐기고 누린다. 예수 그리스도의 재림 때 이 모든 것들에 내재된 불완전함이 회복될 것을 알기 때문에, 이 세상에 있을 수밖에 없는 불완전함과 비참함에 압도되지 않고 오히려 이것을 적절히 다루고 조정하며 긍정적으로 즐거움과 활력 속에서 마음껏 즐길 수 있다. 성령이 내주하는 신자는 성령을 인해 그리스도가 획득한 모든 것을 이 땅에서도 누리는 것이다. 이보다 더 큰 기쁨과 황홀함과 행복과 환희가 어디에 있단 말인가! 그리스도인이 된다는 것은 지정의로 진선미를 지속적으로 최대한으로 누린다는 것이고, 자연의 웅장함과 사계절의 변화와 아름다움을 즐긴다는 것이고, 각자 자신의 개성을 가진 사람들과 그 개성을 즐거워하며 기쁘게 교제한다는 것이다. 이 세상에 있는 기쁨과 즐거움을 구석구석 발견하여 최대한 누리는 자가 된다는 것이다!

1. 괴테의 「5월의 축제」를 낭독해봅시다. 여러분은 무엇에서 빛남과 찬란함을 느끼는지 나누어봅시다.

2. 비신자들도 누리는 인생의 활력과 재능과 질서 등은 누구로부터 옵니까? 왜 불신자의 학문과 예술과 상식 등이 신자보다 좋을 수 있나요?

3. 성부 하나님이 성자 하나님을 언제 낳으십니까? 이것은 마리아가 예수 그리스도를 2천 년 전에 낳은 것과 어떤 차이가 있습니까?

4. 성령 하나님은 성부 하나님과 성자 하나님으로부터 언제 나오십니까? 이것은 성령께서 예수 그리스도의 승천 이후 오순절에 이 땅에 오신 것과 어떤 차이가 있습니까? 구약 시대에도 성자 하나님과 성령 하나님이 계셔서 활동하셨습니까?

5. 요한복음 17:21-26을 읽어봅시다. 성부가 성자 안에, 성자가 성부 안에 계셔 하나가 되듯, 신자들도 다 하나가 되어야 하는지 나누어봅시다. 요한일서 4:11-16을 읽고, 사랑의 하나님께서 우리를 사랑하셨은즉 우리도 어떻게 하는 것이 마땅한지 나누어봅시다.

6. 사람의 죄로 갈라진 하나님과 사람들 간의 교제는 어떻게 복원되고 완성됩니까? 신자와 그리스도와의 연합을 말해주는 성경구절들을 읽어봅시다. 우리 주변에 있는 연결체들이 무엇인지 살펴보고, 무엇이 가장 강한 연결체인지 나누어봅시다. 사랑하는 이가 몇 년 사이에 죽은 일이 있습니까? 그 그리운 이를 언제 어떻게 다시 만나 교제할 수 있습니까?

7. 사도행전 4:31-35을 읽어봅시다. 여러분은 이 말씀처럼 자기가 가진 재산과 시간과 정열을 교인들과 교제하고 나누는 데 사용하고 있습니까? "주는 것이 받는 것보다 복이 있다"(행 20:35)라는 예수님의 말씀을 실천하고 있습니까?

제8장

칭의와 성화

의롭다하심과 거룩하게하심

서시

― 윤동주

죽는 날까지 하늘을 우러러
한점 부끄럼이 없기를
잎새에 이는 바람에도
나는 괴로워했다.
별을 노래하는 마음으로
모든 죽어가는 것을 사랑해야지
그리고 나한테 주어진 길을
걸어가야겠다.

오늘밤에도 별이 바람에 스치운다.

윤동주의 시들에 대한 평론에서 자주 눈에 띄는 단어들은 도덕적 견실과 결백함에의 지향, 자기응시, 죄책감 등이다. 잎새에 이는 바람은 얼마나 약한 바람인지 모른다. 그런 바람에도 괴로워했으니 윤동주는 정말 하늘을 우러러 한점 부끄럼 없는 삶을 추구했었다.

잎새에 이는 바람에 괴로워하는 것을 단순히 시적 표현이라고 볼 수는 없다. MIT 공대의 로렌스(Edward Lorenz) 교수는 온도, 기압, 풍향을 변수로 한 모의 기상 실험을 하면서 소수점 여섯 자리까지 값을 입력해야 했으나, 별 차이가 있으랴 싶어 세 자리까지만 입력했다. 그런데 0.001과 0.000001 간의 미세한 입력 차이로 맑은 날씨 대신에 돌풍이 부는 날씨가 도출되었다. 여기서 "나비효과"(butterfly effect)라는 말이 나왔다. 브라질 상파울루에서 나비가 날개짓을 하면 미국 뉴욕에서 태풍이 발생할 수 있다는 것이다. 초기의 미세한 차이가 나중에 큰 차이를 불러온다.

살인과 간음과 도둑질은 언제 어떻게 발생하는 것일까? 이것들의 처음도 미세한 바람일 수 있다. 상대방에 대한 순간적 질투와 미움, 여자를 보고 품은 음욕, 견물생심이 살인과 간음과 도둑질로 이어진다. 인터넷을 하다 보면 자극적인 광고들이 자주 뜬다. 간음과 도박과 충동구매를 자극한다. 첨단 과학이란 마음의 욕구를 더 쉽고 더 빠르게 충족시킨다는 뜻도 된다. 중동 전쟁을 비롯해 최근의 전쟁에서 국가의 지도자들은 폭격 여부와 범위를 전쟁 화면을 통해 결정한다. 전투 장면을 보여주는 화면을 보면서 적을 얼마만큼 죽일지 결정한다. 그때 마음에 이는 생각들이 얼마나 중요한지 모른다. 첨단으로 갈수록 마음을 절제하지 못하는 이들은 범죄를 저지르기 더 쉽다.

예수님도 형제에게 노하고 미련한 놈이라고 하는 것도 살인에 속하고, 음욕을 품고 여자를 보는 것도 간음이라고 하셨다. 실제적으로 벌어진 살인과 간음만이 아니라 살인과 간음으로 이어질 수 있는 마음속의 생각과 표현도 살인과 간음인 것이다. 그러니 윤동주 시인이 잎새에 이는 바람에도 괴로워한 것은 결코 시적 표현만은 아니다.

그런데 사람으로서 마음에 이는 미움과 음욕과 견물생심 자체를 통제할 자가 있을까? 그것도 한번도 실수하지 않고 늘 통제할 수 있을까? 없다. 성경은 없다고 명백하게 말한다. 이미 살펴본 것처럼 의인은 하나도 없고 깨닫는 자도 없고 선을 행하는 자는 한 명도 없다(롬 3:11-12). 사람은 바람처럼 어디서 와서 어디로 가는지 알 수 없는 생각을 통제할 수 없고 선한 생각을 할지라도 조금 오래하면 피로감을 느끼며 육신은 쾌

락을 끊임없이 요구하기 때문이다. 성경은 모든 율법을 항상 지키지 않으면 저주 아래에 있다고 말하니, 사람의 능력을 과신하여 스스로 의로움에 이르려는 자들은 모두 저주 받은 자들에 속한다(갈 3:10-11).

사람이 좀 더 도덕적일 수는 있겠지만 절대적 수준으로 도덕적일 수는 없다. 잎새에 이는 바람에도 괴로워하는 삶은 모든 사람이 지녀야 할 도덕적 감수성에 속하겠지만, 그렇게 사는 자는 괴로움에 지쳐버릴 것이다. 윤동주는 28살의 젊은 나이에 생을 마감했다. 그는 서시를 20대에 썼다. 아마 그가 삼십대에 이르렀다면 이런 시를 쓰지 못했을 것이다. 삼십의 나이는 하늘을 우러러 한점 부끄럼 없는 삶이 얼마나 어려운가를 삶을 통해 처절하게 확인하기 때문이다.

면죄부: 사람과 교황에 대한 과대평가

로마 가톨릭의 면죄부 판매는 종교개혁의 촉진제가 되었다. 로마에 있는 베드로 대성당의 건축 비용이 필요했던 교황은 독일의 요한 테첼(Johann Tetzel)을 면죄부 판매 위원장으로 삼았다. 테첼은 "사랑하는 죽은 친척들과 친구들이 여러분에게 애원하며 부르짖는 소리를 들으시기 바랍니다. … 동전이 궤 속에 떨어지는 소리와 함께 그들의 영혼이 연옥에서부터 벗어납니다."라고 선전하며 면죄부를 팔았다.

사람의 죄에 대한 처벌을 일시적으로 정지하고, 그 죄를 완전히 용서해 준다는 면죄부는 십자군 전쟁 때에도 사용되었다. 11세기부터 13세기까지 8번의 십자군 전쟁이 있었는데 이 전쟁에 참여한 군인들은 자신들이 지은 죄에 대해 절대 사죄를 받았다. 이러한 권한이 교황과 교회에 있다고 여긴 것이다. 이 개념이 점차 오용되어 로마 가톨릭은 성당과 대학 건축 비용 마련에 면죄부 판매를 이용하곤 했고, 루터 때에 더욱 심해졌다.

로마 가톨릭에서 면죄부 판매가 가능했던 것은 그들이 윤리적으로 부패했기 때문이기도 했지만, 보다 근본적으로는 잉여 공로라는 교리 때문이다. 로마 가톨릭에는 성모 마리아와 순교자들은 천국을 가고도 남는 공로가 있고, 이 남는 공로들의 일부를 영적으로 궁핍한 자들에게 나누어준다고 여겨왔다. 사람들에게 천국을 가고도 남는 공로가 있다고 여겼다는 것은 사람들이 전적으로 부패했다는 것을 믿지 않았다는 것이다. 이들은 예수 그리스도의 십자가의 피 이외에 사람들의 행위도 의로움에 큰 기여를 한다고 보았다. 이들은 하나님께서 원하시는 의로움을 과소평가한 것이고, 사람들의 행위를 과대평가했다.

이들은 이 잉여 공로로 천국 가기에 부족한 자들의 죄가 사함을 받아 천국에 간다고 여겼다. 한 사람의 공로가 다른 사람에게 전달될 수 있다고 보았고, 이런 결정권이 바로 교회에 있다고 보았다. 이들은 사람이 천국에 들어갈 수 있는 결정권이 천국 열쇠를 받은 초대 교황 베드로에게 있다고 보았다. 이들은 천국 열쇠가 베드로를 이은 후임 교황들에게 이어졌다고 주장한다. 로마 가톨릭에서 면죄부는 신학적으로 오래 동안 용인된 교리였고 루터 때 과도하게 남발되어 높은 액수에 판매되었다. 로마 가톨릭은 지금도 신부가 고해성사를 통해 죄를 사하고, 교황에게 신도들의 천국행 여부를 결정짓는 천국 열쇠가 주어져 있다고 여긴다. 잉여 공로 교리와 면죄부는 실제적으로 아직도 없어지지 않았다.

　모든 사람은 우리가 거듭 살펴본 것처럼 죄인이다. 태어날 때 이미 죄인으로 태어나서 평생 죄를 짓다 죽는다. 그 누구도 천국에 가고도 남을 공로를 쌓을 자가 없다. 오히려 자신의 공로로는 천국에 들어갈 수 없고, 그 누구도 자신의 행위로 의롭게 될 수 없다. 로마 가톨릭의 면죄부는 사람을 낙천적으로 보는 것이고, 교황에게 죄를 사하는 권세가 있다고 여기는 교황의 신격화다.

믿음에 의한 의롭다하심, 이신칭의

그렇다면 사람은 어떻게 자신의 죄로부터 의로워지는가? 사람은 아담의 죄로 인해 전적으로 부패한 죄인으로 태어나서 평생 죄를 짓다 죽으니 사람 자신의 힘으로는 의로워질 수 없다. 오직 예수 그리스도의 생애와 죽음을 통해서만 가능하다. 예수님은 살아계신 동안에는 하나님의 모든 율법을 지키셨다. 아담이 에덴동산에서 행하지 못한 하나님의 말씀대로 사는 삶을 대신 행하신 것이다. 예수님은 죽으실 때는 사람들의 죄에 대한 죄값을 지불하시어, 그들 대신 지극한 고통의 형벌을 받으셨다.

모든 사람들이 아담의 원죄를 인해 이 땅에서 비참한 삶을 살다 허무하게 죽어버리고 그 후에는 지옥의 고통을 당하는데, 이 죄값을 예수님은 십자가에서 죽으심으로 대신 지불하신 것이다. 예수님은 십자가에 죽으실 때 "다 이루었다"(요 19:30)고 하셨는데, 예수님께서 사람들이 의로워지도록 생애와 죽음을 통해 모든 일을 다 하셨다는 의미가 담겨 있다.

이제 남은 일은 그리스도께서 사람들의 구원을 위해 이루신 의로움이 사람들에게 어떻게 전달되느냐다. 그리스도의 생애와 죽음을 통해 획득된 영생과 구원이 어떻게 사람에게 전달될 때에 가장 확실할까? 그것은 그리스도께서 사람과 하나로 연합되어, 그리스도의 것이 사람의 것이 되는 것이다. 우리는 앞에서 그리스도의 십자가 죽음을 통해 그리스도와 신자가 하나로 연합된 것을 살펴보았다. 삼위 하나님의 각 위격이 서로가 서로 안에 거하듯, 그리스도의 죽음을 통해 그리스도와 신자도 서로가 서로 안에 거한다. 성령 하나님께서 그리스도의 생애와 죽음으로 얻은 영생과 구원이 신자에게 전달되게 하시고, 이 놀라운 사실을 신자로 알게 하신다. 예수님과 신자가 하나로 연합될 때에 성령께서 성자가 획득하신 영생과 구원을 신자에게 적용되게 하시는 것이다. 바로 이 적용을 통해 그리스도의 의로움이 신자에게 전가된다.

그리스도와 신자 간의 신비한 연합을 인해 그리스도의 의가 신자의 의가 된다. 신자는 그리스도의 의가 자신의 의가 되므로 완벽한 의로움을 위하여 더할 행위가 하나도 없다. 신자의 공로는 전혀 없고 오직 그리스도의 의뿐이다. 종교개혁자들은 아래와 같은 성경구절들에 근거하여 예수 그리스도의 한 의로운 행위로 많은 사람이 의롭다 하심을 받는다고 보았다. "의롭다 하심"이란 하나님께서 그리스도의 의로운 행위를 인해 많은 사람을 의롭다고 하시는 것이지, 사람이 스스로 의롭게 되는 것이 절대 아니다.

> 한 사람의 범죄로 말미암아 사망이 그 한 사람을 통해 왕 노릇 하였은즉 더욱 은혜와 의의 선물을 넘치게 받는 자들은 한 분 예수 그리스도를 통해 생명 안에서 왕 노릇 하리로다. 그런즉 한 범죄로 많은 사람이 정죄에 이른 것 같이 한 의로운 행위로 말미암아 많은 사람이 의롭다 하심을 받아 생명에 이르렀느니라. 한 사람이 순종하지 아니함으로 많은 사람이 죄인 된 것 같이 한 사람이 순종하심으로 많은 사람이 의인이 되리라(롬 5:17-19).

> 사람이 의롭게 되는 것은 율법의 행위로 말미암음이 아니요, 오직 예수 그리스도를 믿음으로 말미암는 줄 알므로 우리도 그리스도 예수를 믿나니, 이는 우리가 율법의 행위로써가 아니고 그리스도를 믿음으로써 의롭다 함을 얻으려 함이라. 율법의 행위로써는 의롭다 함을 얻을 육체가 없느니라(갈 2:16).

> 그 안에서 발견되려 함이니 내가 가진 의는 율법에서 난 것이 아니요 오직 그리스도를 믿음으로 말미암은 것이니 곧 믿음으로 하나님께로부터 난 의라(빌 3:9).

그런데 "그리스도를 믿음으로써 의롭다 함을 얻으려 함이라"(갈 2:16)

이나, "내가 가진 의는 … 오직 그리스도를 믿음으로 말미암은 것이니"(빌 3:9)에서 믿는다는 것은 무슨 의미일까? 이 구절들에서 사람이 믿음에 의하여 의로워진다는 그 유명한 "이신칭의"(justification by faith)라는 단어가 나왔다. 루터는 이신칭의가 서면 교회도 올바로 서고, 이신칭의가 무너지면 교회도 무너진다고 말하기까지 했다. 이신칭의에서 믿음은 어떤 의미일까? 이신칭의를 "사람이 믿기 때문에 그리스도의 의를 받는다"로 생각하기 쉽다. 이 생각이 전적으로 틀린 것은 아니지만, 믿음을 사람의 선택이나 행위로 생각하면 전적으로 틀린다. 무엇을 분별하여 옳다고 믿는 것은 엄청난 행위에 속한다. 사람들의 행위는 무엇을 생각하고 믿는가에 따라 달라진다. 행위는 사고와 믿음의 귀결점이다.

이런 믿음을 사람이 스스로 선택하여 가질 수 있는 분별이나 확신으로 생각하면 안 된다. 제1장에서 살펴본 것처럼 믿음은 비신자에게는 없고 신자에게만 있는데, 신자 스스로 이런 분별과 확신의 믿음을 갖지 못하고, 성령께서 신자에게 선물로 주셔야만 가능하다. 따라서 이신칭의는 하나님께서 신자에게 선물로 주신 믿음을 통해 예수 그리스도의 의가 신자에게 전가된다는 것이다. 절대로 신자가 스스로 가진 믿음에 의하여 그리스도의 의가 신자에게 주어지는 것이 아니다. 신자가 스스로 장착한 믿음에 의거하여 의로워진다면 이것은 종교개혁자들이 그렇게 비판했던 내용으로 자신의 행위에 의하여 자신의 공로로 취득한 의로움에 속한다.

로마 가톨릭은 사람이 어떻게 의로워진다고 볼까? 그리스도의 의가 사람들에게 주입이 됨으로써 사람들이 의로워진다고 본다. 그리스도의 의가 사람들에게 주입되면 사람들은 그 의를 가지고 자신의 행위로 협력하여 의를 계속하여 쌓음으로써 하나님께서 만족하시는 의의 수준에 이르게 된다고 보았다. 이들은 그리스도의 의가 은혜로 사람들에게 주어진다고 말하면서 동시에 사람들의 행위에 의한 공로도 중요하게 보았다. 그리스도의 의가 사람들에게 아무리 주입이 되어도 사람들이 협력하여 의의 행위를 하지 않으면 의로운 자가 되지 못한다. 이들은 사람들이 의롭게 되는 데 그리스도의 십자가의 죽음 이외에 사람의 공로를 요구하는 것이다.

이에 반하여 종교개혁자들은 하나님의 은혜로 그리스도의 의가 사람들에게 전가됨으로써 믿음을 통해 의로워진다고 보았다. 그리스도와 신자는 연합되었기 때문에 그리스도의 의가 믿음을 통해 신자의 의가 된다. 믿음으로 의로워진다고 주장하면서 하나님의 은혜가 아닌 사람의 행위를 강조하면 안 된다. 믿음은 그리스도의 의를 받기 위해 신자가 스스로 행할 수 있는 조건이 아니다. 그렇게 하는 순간에 믿음은 인간의 행위가 되어 버린다. 믿음은 그리스도께서 획득하신 의를 신자에게 전가하실 때에 성령께서 사용하시는 도구다. 하나님은 믿음이란 도구를 마련하시어 신자에게 그리스도의 의를 전가하신다. 하나님은 그리스도의 생애와 죽음을 통해 그리스도의 의를 준비하실 때에 그 의를 신자에게 전달하시는 "믿음"이라는 도구까지도 준비하신 것이다. 하나님은 신자에게 구원을 주실 때에 그리스도의 생애와 죽음을 통해 완벽한 구원을 획득하셨고, 성령님을 통해 그 구원이 신자에게 완벽하게 적용되게 하셨다.

하나님은 죄를 지어 분별력을 잃어버린 어리석은 사람들에게 예수님께서 십자가에서 죽으심으로 구원을 획득했으니 그 구원을 스스로 분별하여 받아들이라고 하시지 않았다. 하나님은 은혜와 지혜가 얼마나 크신지 그리스도께서 획득하신 구원이 신자에게 온전히 전달되도록 성령님을 통해 신자로 하여금 그리스도와 연합하게 하시고, 그리스도를 믿게 하신다. 그 믿음을 통해 전달된 그리스도의 의를 인해 신자를 의롭다고 하신다.

한 마디로 하나님은 성자와 성령과 더불어 자녀들의 구원과 영생에 필요한 모든 것을 마련하시고 행하신다. 육신의 부모도 자녀를 낳은 후 성인으로 자라기까지 필요한 모든 것을 공급하려고 하지 않는가? 하늘 아버지는 자녀의 구원과 영생에 필요한 것들을 더 완벽하게 준비하시고, 때에 맞춰 공급하신다. 하나님은 무로부터 만물의 창조에서만이 아니라, 사람의 구원과 재창조에서도 홀로 모든 것을 하신다. 이신칭의는 "사람이 믿기 때문에" 의로워진다는 것이 아니라, "사람이 믿음을 통해" 의로워진다는 것이다. 이신칭의의 주체는 사람이 아니라 하나님이시다.

거룩하게 하심, 성화

하나님께서 은혜로 그리스도의 의를 우리에게 전가하시어 우리를 의롭다고 하심으로써 우리는 죄인에서 의인이 되었다. 그런데 이것은 우리가 죄인에서 의인으로 신분이 바뀐 것을 의미하지, 우리의 실제 수준이 의인이라는 것은 아니다. 아이가 엄마에게서 태어나는 순간에 사람이라는 신분으로 출생신고가 가능하다. 갓난아이는 분명히 사람이지만 성인의 수준과 상태에 있지 않다. 그는 생존에 필요한 대부분의 것을 엄마를 비롯한 주변 사람에게 의존한다. 사람은 태어나는 것으로 사명과 목적이 끝나지 않고, 성인으로 자라가야 한다.

사람이 신자가 되는 것도 마찬가지다. 하나님을 모르고 비참한 삶을 살던 이가 하나님의 은혜로 하나님의 자녀가 될 때 하나님은 그에게 예수님의 의를 전가하시어 의롭다고 하신다. 하지만 그가 의인의 신분을 가졌다고 해서 의인의 수준과 상태에 이른 것은 아니다. 그는 막 태어난 갓난아이와 같다. 이제부터 그는 성숙한 신자로 성장해야 한다. 하나님의 형상을 따라 전 인격에 걸쳐 성숙해져야 한다. 죄에 있어서는 점점 더 죽고, 의에 있어서는 점점 더 살아야 한다. 이것을 하나님께서 신자를 거룩하게 하시는 "성화"라고 한다.

주께서 사랑하시는 형제들아, 우리가 항상 너희에 관하여 마땅히 하나님께 감사할 것은 하나님이 처음부터 너희를 택하사 성령의 거룩하게 하심과 진리를 믿음으로 구원을 받게 하심이니(살후 2:13).

오직 너희의 심령이 새롭게 되어 하나님을 따라 의와 진리의 거룩함으로 지으심을 받은 새 사람을 입으라(엡 4:23-24).

데살로니가후서 2:13은 "성령의 거룩하게 하심"이라고 말한다. 신자의 성화는 신자 자신의 참여도 있지만 그 이전에 성령의 일하심이 있다. 성령께서 신자를 거룩하게 하심으로 말미암아 신자가 그 거룩하심에 참여하는 것이다. 신자는 성령의 도우심을 인해 하나님의 율법을 지키고 즐거워하는 삶을 점점 살게 된다. 신자는 의와 진리의 거룩함으로 지으심을 받은 새 사람을 입어가는(엡 4:24) 삶을 점점 산다. 이런 삶을 통해 성령의 열매, 즉 "사랑과 희락과 화평과 오래 참음과 자비와 양선과 충성과 온유와 절제"(갈 5:22-23)가 나타난다. 이에 반하여 육체의 일은 "음행과 더러운 것과 호색과 우상 숭배와 주술과 원수 맺는 것과 분쟁과 시기와 분냄과 당 짓는 것과 분열함과 이단과 투기와 술 취함과 방탕함"(갈 5:19-21)이다.

그리스도인이 된다는 것은 칭의만이 아니라 성화의 길도 걷는다는 것을 의미한다. 면죄부를 사고팔던 때에 사람들은 아무리 큰 죄를 지어도 면죄부를 구입하면 죄가 사해진다고 여겼다. 이 얼마나 미신적 사고인가? 그런데 지금 시대에는 "믿음"이 면죄부와 같은 역할을 하기도 한다. 아무리 큰 죄를 지어도 예수님이 자신의 죄를 사하셨다는 사실을 믿으면 죄가 없어진다고 오해해 큰 부담 없이 죄를 짓는다. 이신칭의를 믿는다는 것은 죄를 싫어하고 의를 사랑해서 성화의 길을 자연히 걷는 것인데, 이것을 오해하여 죄를 마음 놓고 짓는 데 사용하는 것이다.

그간 기독교는 우리 사회에 많은 공헌을 했다. 성경에 따라 약한 자를 돕고 옳은 것을 드러내며 사회로부터 호평을 받았다. 그런데 이신칭의를 잘못 이해하는 자들이 많이 등장하면서 신자임에도 불구하고 신자에 맞는 행동을 하지 않아 사회로부터 지탄을 받았다. 일부 교회들이 세습과 재정횡령과 분쟁으로 방송의 주요 뉴스에 오르며, 교회가 사회를 걱정하는 것이 아니라 사회가 교회를 걱정하는 형국이 되어버렸다. 믿음으로 구원을 받으므로 죄를 지어도 믿음으로 회개하면 괜찮다는 오해가 천박한 신자들을 양산했다. 칭의는 성화와 구별되지 절대로 분리되지 않는다. 칭의를 올바로 이해하는 자는 성화의 길을 걸을 수밖에 없다. 성화의 길을 옳게 걸어가는 성도는 진리에 대한 분별력과 사랑의 실천력이 갈수록 성장하기 마련이고, 사회로부터 칭송을 받기 마련이다.

완전 성화의 불가능성

완전 성화란 신자가 하나님의 모든 율법을 늘 지키는 것을 의미한다. 외적 행동으로만 율법을 지키는 것이 아니라, 내적 동기와 순간적 생각과 느낌에서까지도 거룩함을 유지하는 것이다. 이런 일이 살아있는 사람에게 가능할까? 구원받은 자일지라도 부패성이 완전히 없어지지 않고 일부가 남아있다. 예수 그리스도의 조상이 되는 다윗만 살펴보아도 알 수 있다. 다윗은 전쟁에 나간 부하의 아내와 간음하고, 이것을 숨기려고 그 부하를 맹렬한 전쟁터에 보내 죽여 버렸다. 이렇게 신자는 구원을 받은 이후에도 죄를 짓는다.

바울도 로마서 7장에서 자신이 원하는 바 선은 행하지 아니하고 도리어 원하지 아니하는 악을 행하는 것은 자기 속에 거하는 죄 때문이라고 말했다. 자기 속사람으로는 하나님의 법을 즐거워하지만, 자기 지체 속에 한 다른 법이 자신의 마음의 법과 싸운다고 고백했다. 자신은 이렇게 곤고한 사람이라며 이 사망의 몸에서 누가 자신을 건져내겠냐고 한탄하며 예수 그리스도께 전적으로 의지했다.

신자는 구원받았을지라도 마음으로는 하나님의 법을 육신으로는 죄의 법을 섬긴다. 죄의 잔재가 남아있기 때문이다. 죄의 잔재가 완전히 없어지며 완전히 거룩하게 되는 날은 우리가 죽어 하늘나라로 갈 때다. 그 전까지는 죄의 법과 늘 싸워야 하고, 우리의 마음에서 미움과 혈기와 음욕이 없어지지 않는다. 우리는 거룩한 삶을 살기 위하여 잎새에 이는 바람에도 괴로워하되, 이 땅에 사는 동안 완전 성화는 불가능한 줄을 깨달아 너무 괴로워해서도, 결벽증에 걸려서도 안 된다. 이 땅에서는 완전히 깨끗한 상태와 환경도 없고 음식물도 모두 조금의 오염과 흠이 있기 마련이다. 눈에 보이지 않는 세균과 바이러스가 곳곳에 있다. 완전히 거룩한 사람이란 이 땅에 없다. 우리 머리 위로 새는 지나가기 마련이다.

이것을 우리가 어떻게 막겠는가? 우리는 그 새가 우리 머리 위에 둥지를 틀지 못하게 하면 된다.

새가 우리 머리 위에 지나가는 것으로 우리 자신을 자학하면 안 된다. 자신의 그런 곤고함을 한탄하고, 우리의 별수 없음을 인정하며 더욱 예수 그리스도에게 의지하면 된다. 나만이 아니라 타인도 별수 없는 존재인 줄 알고 그의 부족함도 넉넉하게 수용할 줄 알아야 한다. 완전 성화를 믿는 이들은 자신과 타인의 약함과 죄를 지나치게 정죄하고 편집광적으로 조그마한 죄와 흠도 용인하지 않을 수 있다. 성화를 위하여 늘 깨어 노력하되, 완전 성화라는 환상에 빠져서는 안 된다. 우리는 하나님께서 예수 그리스도의 죽으심을 인해 신자들의 과거의 죄만이 아니라, 현재와 미래의 죄도 넉넉하게 용서하셨음을 명심해야 한다.

성화의 범위: 율법과 율법주의

율법은 좋은 것인가? 나쁜 것인가? "율법 안에서 의롭다 함을 얻으려 하는 너희는 그리스도에게서 끊어지고 은혜에서 떨어진 자로다"(갈 5:4)라는 구절은 율법이 나쁘다고 말하는 것 같다. 그런데 이 구절은 사실 "율법"이 아니라, "율법 안에서 의롭다 함을 얻으려 하는 것"이 나쁘다고 말하는 것이다. 즉 율법은 하나님의 뜻으로 좋은 것이고, 그 율법을 다 지켜 의로워지려는 율법주의가 나쁘다.

신자는 이 땅에서 사는 동안 어느 범위까지 성화되기 위하여 노력해야 할까? 율법이 말하는 범위까지다. 신자는 성경에 나온 하나님의 율법 모두를 지키기 위해 노력해야 한다. 비록 모든 율법을 늘 지킬 수는 없지만, 끊임없이 노력해야 한다. 그렇다면 구약 시대처럼 예루살렘 성전에 가서 짐승을 잡아 죽이는 율법도 지켜야 하는가? 지킬 필요가 없다! 할례도 할 필요가 없고, 유월절 양을 죽일 필요도 없다. 의식법(the ceremonial law)이라고 불리는 이런 율법은 앞으로 오실 예수 그리스도를 상징한다. 신약 시대에서는 예수 그리스도가 십자가에 못 박혀 죽으심으로 의식법을 완성하셨으므로 더 이상 의식법을 지킬 필요가 없다.

구약 시대에는 종을 사면 제7년에는 값없이 내보내 자유하게 해야한다. 사람을 쳐 죽인 자는 반드시 죽이고, 소를 도적질하면 다섯으로 갚고, 50년마다 돌아오는 희년에는 사고판 땅들이 원래의 주인에게 돌아가야 한다. 겉옷을 담보로 잡았을 때는 해가 지기 전에 돌려주어야 한다. 이런 법을 지금도 지켜야 할까? 이런 법을 시민법(the civil law) 혹은 국가법이라고 하는데, 구약 백성이 시민(국가) 차원에서 지켜야 하는 법이다. 그런데 구약 시대 때는 이스라엘 전체가 종교국가였지만, 산약 시대에는 다른 종교들을 가진 시민이 많다. 우리나라만 해도 기독교인 비율이 25%를 넘지 않는데, 어떻게 위와 같은 법을 국가 차원에서 법률로 만들어 지킬 수가 있겠는가?

시민법은 산약 시대에는 그대로 지킬 수 없고, 그 정신을 지켜야 한다. 겉옷을 해지기 전에 돌려주라는 것은 담보 잡힌 가난한 자가 춥지 않게 자도록 배려하라는 의미다. 동족에게 이자 받는 것을 금지한 율법은 동족의 경제적 어려움을 통해 부를 축적하지 말고, 약한 자에게 재기할 기회를 주라는 뜻이다. 산약 시대의 신자는 이러한 정신이 반영되도록 노력해야 한다. 실제로 서구 사회를 보면 성경의 율법이 제도와 문화로 정착된 면이 많다. 1991년에 영국에 석사 과정을 공부하러 갔을 때 그들이 이방인과 고아와 과부를 위하여 시행하는 제도와 배려는 바로 성경에서 나왔음을 직감할 수 있었다. 외국에서 온 이방인과 난민에게도 사람으로서 기본적인 삶을 살도록 제도를 마련한 그들을 보면서 매우 놀랐었다. 그런데 이런 제도와 문화가 비기독교 국가들에게도 영향을 주었고, 지금은 우리나라에서도 이방인과 고아와 과부를 위한 제도와 문화가 잘 형성되고 있다.

이런 의식법과 시민법을 제외한 다른 율법은 하나님의 영원한 성정이 반영된 도덕법(the moral law)에 속한다. 하나님의 형상으로 지음을 받은 신자는 하나님의 영원한 성정이 반영된 도덕법을 늘 지키기 위해 노력해야 한다. 우리는 하나님의 율법을 다 지킬 수 없음을 분명히 알고 있지만 지키기 위해 늘 노력해야 한다. 성화를 포기하면 안 된다.

하나님의 율법은 십계명으로 요약된다. 두 돌판으로 이루어진 십계명의 첫째 돌판에 있는 앞의 네 계명은 하나님에 대한 사랑을 의미하고, 다른 여섯 개의 계명이 적힌 둘째 돌판은 이웃에 대한 사랑을 의미한다. 예수님은 "네 마음을 다하고 목숨을 다하고 뜻을 다하여 주 너의 하나님을 사랑하라 하셨으니 이것이 크고 첫째 되는 계명이요, 둘째도 그와 같으니 네 이웃을 네 자신 같이 사랑하라 하셨으니 이 두 계명이 온 율법과 선지자의 강령(sum)이니라"(마 22:37-40)라고 말씀하셨다. 하나님 사랑과 이웃 사랑이 온 율법의 요약이다.

> 피차 사랑의 빚 외에는 아무에게든지 아무 빚도 지지 말라. 남을 사랑하는 자는 율법을 다 이루었느니라. 간음하지 말라, 살인하지 말라, 도둑질하지 말라, 탐내지 말라 한 것과 그 외에 다른 계명이 있을지라도 네 이웃을 네 자신과 같이 사랑하라 하신 그 말씀 가운데 다 들었느니라. 사랑은 이웃에게 악을 행하지 아니하나니 그러므로 사랑은 율법의 완성이니라(롬 13:8-10).

성화를 소망하는 신자는 무엇을 할 때마다 늘 하나님 사랑과 이웃 사랑을 생각해야 한다. 어떻게 하는 것이 하나님을 사랑하고 이웃을 사랑하는 것인지 생각하며 행동하는 신자는 온 율법을 지키는 자이고, 제대로 성화의 길을 걷는 자다. 신자는 성경의 율법을 대할 때마다 하나님 사랑과 이웃 사랑이란 관점에서 봐야 한다. 율법에는 이 두 계명이 늘 전제되어 있다. 신자는 사회생활을 하며 접하는 법률과 규칙 등에서도 사랑이란 관점으로 보아야 한다. 어떤 사람이 얼마나 성화되어 있는지는 그가 하나님과 이웃을 얼마나 사랑하는지에 달려 있다. 사랑이 풍성한 자는 성화가 크게 된 자다. 성경을 많이 알고, 교회 봉사와 기도와 찬양이 넘쳐도 하나님 사랑과 이웃 사랑이 없으면 그는 성화가 크게 부족한 자다.

성화를 개인의 경건 차원으로만 여기기 쉽다. 그런데 성경은 "하나님 아버지 앞에서 정결하고 더러움이 없는 경건은 곧 고아와 과부를 그 환난 중에 돌보고 또 자기를 지켜 세속에 물들지 아니하는 그것이니라"(약 1:27)고 말한다. 자기를 지켜 세속에 물들지 않음과 동시에 고아와 과부를 돌봐야 한다.

성경은 "네가 새 집을 지을 때에 지붕에 난간을 만들어 사람이 떨어지지 않게 하라 그 피가 네 집에 돌아갈까 하노라"(신 22:8)고 말한다. 난간 시설을 하지 않는 자는 십계명의 "살인하지 말라"는 여섯째 계명을 어기는 것이다. 2014년 10월에 판교 테크노밸리 야외광장 환풍구 위에서 공연을 보던 시민 27명이 철제 덮개가 붕괴되면서 16명이 사망하고 11명이 부상을 입었다. 환풍구 공사가 안전 기준에 미치지 못하여 27명의 하중을 견디지 못했다. 성화의 길을 걷는 신자는 이런 공사가 안전 기준에 맞추도록, 그리고 법률이 적합한 안전 기준을 담고 그대로 시행이 되도록 관심을 기울여야 한다. 성화의 길을 걷는 신자는 사회와 국가의 법과 제도에도 관심을 기울여야 한다.

도둑질하지 말라는 여덟째 계명은 자신과 타인들의 부와 재산을 합법적으로 획득하고 증식하는 데 필요한 모든 것을 요구한다. 성경이 "모든 자에게 줄 것을 주되 조세를 받을 자에게 조세를 바치고 관세를 받을 자에게 관세를 바치고 두려워할 자를 두려워하며 존경할 자를 존경하라"(롬 13:7)고 말하므로 국가에 세금과 과태료 등을 납부하지 않거나 임금을 체불하는 것도 여덟째 계명을 어기는 것이고, 성화를 경시하는 것이다. 성경은 "한결같지 않은 저울 추와 한결같지 않은 되는 다 여호와께서 미워하시느니라"(잠 20:10)고 말하므로 속이는 저울과 치수도 성화를 무시하는 것이다.

성화의 길에 진지하게 들어선 신자들이 많을수록 개인의 경건만 좋아지지 않고, 사회와 국가도 발전한다. 제도와 법과 문화가 성경적으로 바뀐다. 국가의 총 경쟁력이 향상되고, 국민 총생산(GNP)이 증가하고, 경제 성장률이 높아진다. 성화된 신자가 많은 회사는 매출액이 날로 향상한다. 성화는 추상적 개념이 아니라, 실제의 생활과 법과 문화와 직결된다. 교회가 사회를 걱정하는 것이 아니라, 사회가 교회를 걱정하는 안타까운 현상이 일부 벌어지는 이 때에 신자들은 더욱 성화에 힘을 써 사회에 맑은 물을 흘러 보내야 한다.

[1] 하나님이여 주의 인자를 따라 내게 은혜를 베푸시며 주의 많은 긍휼을 따라 내 죄악을 지워 주소서 [2] 나의 죄악을 말갛게 씻으시며 나의 죄를 깨끗이 제하소서 [3] 무릇 나는 내 죄과를 아오니 내 죄가 항상 내 앞에 있나이다 [4] 내가 주께만 범죄하여 주의 목전에 악을 행하였사오니 주께서 말씀하실 때에 의로우시다 하고 주께서 심판하실 때에 순전하시다 하리이다 [5] 내가 죄악 중에서 출생하였음이여 어머니가 죄 중에서 나를 잉태하였나이다 [6] 보소서 주께서는 중심이 진실함을 원하시오니 내게 지혜를 은밀히 가르치시리이다 [7] 우슬초로 나를 정결하게 하소서 내가 정하리이다 나의 죄를 씻어 주소서 내가 눈보다 희리이다 [8] 내게 즐겁고 기쁜 소리를 들려 주시사 주께서 꺾으신 뼈들도 즐거워하게 하소

서 ⁹ 주의 얼굴을 내 죄에서 돌이키시고 내 모든 죄악을 지워 주소서 ¹⁰ 하나님이여 내 속에 정한 마음을 창조하시고 내 안에 정직한 영을 새롭게 하소서(시 51:1-10).

우리가 하나님의 은혜를 받는 데는 아무 이유가 없다. 오직 주의 인자와 긍휼만으로 죄악의 용서의 은혜를 받는다. 그 은혜로 우리의 죄악이 말갛게 씻기고 제하여진다. 오직 주만이 우리를 의롭다, 순전하다 하실 수 있다. 죄악 중에 출생한 우리가 어찌 우리의 힘으로 의로워질 수 있겠는가? 잎새에 이는 바람에 괴로워해도 죄 하나를 제하지 못하고, 얼마 지나지 않아 폭풍의 바람에도 무뎌진다. 오직 하나님만이 예수 그리스도의 죽음과 성령의 활동을 통해 우리 속에 정한 마음을 창조하시고 정직한 영을 새롭게 하신다. 우리의 의로움은 오직 하나님을 인해서만 가능하다.

¹⁶ 그의 영광의 풍성함을 따라 그의 성령으로 말미암아 너희 속사람을 능력으로 강건하게 하시오며 ¹⁷ 믿음으로 말미암아 그리스도께서 너희 마음에 계시게 하시옵고 너희가 사랑 가운데서 뿌리가 박히고 터가 굳어져서 ¹⁸ 능히 모든 성도와 함께 지식에 넘치는 그리스도의 사랑을 알고 ¹⁹ 그 너비와 길이와 높이와 깊이가 어떠함을 깨달아 하나님의 모든 충만하신 것으로 너희에게 충만하게 하시기를 구하노라 ²⁰ 우리 가운데서 역사하시는 능력대로 우리가 구하거나 생각하는 모든 것에 더 넘치도록 능히 하실 이에게 ²¹ 교회 안에서와 그리스도 예수

안에서 영광이 대대로 영원무궁하기를 원하노라 아멘(엡 3:16-21).

하나님은 성령으로 말미암아 신자의 속사람을 능력으로 강건하게 하신다. 성화의 길을 걷게 하신다. 신자로 사랑 가운데서 뿌리가 박히고 터가 굳어져 지식에 넘치는 그리스도의 사랑을 알게 하신다. 그 사랑의 너비와 길이와 높이와 깊이가 어떠함을 깨달아 하나님의 모든 충만하신 것으로 충만하게 하신다. 하나님의 모든 충만보다 더 크고 좋은 것이 이 땅에 존재하는가? 하나님은 신자로 성화의 과정을 밟으며 다른 어떤 것이 아니라 하나님 자체를 추구하게 만드신다. 주님 안에서 자유와 생명을 풍성히 누리게 하시는 것이다.

자유는 손에 쥔 것이 많을수록 적어지고 쥔 것이 적을수록 풍성해진다. 신자가 먹을 것과 입을 것이 있으면 족한 줄로 알 때 경건이 큰 이익이 되고 하나님 자체를 느끼고 추구할 수 있다. 돈을 사랑함이 일만 악의 뿌리다. 기독교는 절대로 하나님의 능력으로 더 많은 것을 얻는 종교가 아니라, 하나님의 은혜로 하나님 자체를 추구하는 종교다. 세상에 아무것도 가지고 온 것이 없는 사람은 또한 아무것도 가지고 가지 못하고 오직 하나님께 대한 경건만 가지고 간다(딤전 1:6-12). 성화의 열매만이 진정으로 누릴 가치가 있고, 죽을 때 그것만을 가지고 하나님께 간다.

1. 윤동주의 「서시」를 낭독해봅시다. 여러분은 잎새에 이는 바람에 괴로워합니까? 아니면 강풍에도 태연합니까? 형제에게 노하고, 미련한 놈이라고 하는 것이 살인에 속하고, 음욕을 품고 여자를 보는 것이 간음이라는 예수님의 말씀에 동의합니까?

2. 로마 가톨릭의 잉여 공로 교리와 면죄부가 어떤 면에서 잘못되었는지 나누어봅시다.

3. 그리스도의 의로운 생애와 대속의 죽음을 통해 획득된 의로움이 사람들에게 어떻게 전달됩니까? 그리스도와 신자의 연합이란 측면에서 그리고 성령의 적용이란 측면에서 나누어봅시다.

4. "그리스도를 믿음으로써 의롭다 함을 얻으려 함이라"(갈 2:16)는 말씀에서 나온 이신칭의 교리에서 믿는다는 것은 무슨 뜻입니까?

5. 신자가 그리스도의 대속의 사역을 믿어 죄인에서 의인이 되는데, 이때 신자의 수준은 거룩한 의인의 수준입니까? 아니면 죄인에서 의인으로 신분이 바뀐 것이고 신자의 수준은 앞으로 향상되어야 합니까? 여러분은 성화의 길을 걷고 있습니까?

6. 신자가 이 땅에 사는 동안에 완전 성화가 가능합니까? 다윗의 범죄와 여러분의 삶을 살펴보며 답해봅시다.

7. 의식법과 시민법과 도덕법이 무엇인지 나누어봅시다. 여러분은 십계명으로 대표되는 도덕법을 각자의 삶에 적용하고 있습니까?

8. 시편 51:1-10을 읽어봅시다. 여러분은 이 말씀처럼 자신이 하나님의 은혜로 죄 사함을 받았다고 생각합니까? 에베소서 3:16-21을 읽어봅시다. 여러분은 이 말씀처럼 성령으로 말미암아 여러분의 속사람을 강건하게 하는 일에 하나님과 함께 걸어가고 있습니까?

제9장

용서

용서 받았으니 용서하라

너와 나
_ 박인희

가슴에 빙하를 품고 사는 사람들
얼어붙은 가슴은 녹일 줄 모르면서
날씨보고만 춥다고 한다
꽁꽁 얼었다고 한다

녹여야 할 것은 얼음덩이가 아니라
얼음 두께보다 더 두터운 미움의 강
제 가슴인 것을

화해를 모르면서 우리는 악수를 한다
사랑을 모르면서 우리는 어깨를 감싼다
슬픔을 모르면서 우리는 눈물을 흘린다
기쁨을 모르면서 우리는 웃는다

너와 나
지금은 마음의 주름살을 펼 때
오만의 빗장을 풀 때
용서의 잔에 가슴을 축일 때
한스런 거미줄을 털어내야 할 때

용서의 꽃
_ 이해인

당신을 용서한다고 말하면서
사실은 용서하지 않은
나 자신을 용서하기
힘든 날이 있습니다

무어라 변명조차 할 수 없는
나의 부끄러움을 대신해
오늘은 당신께
고운 꽃을 보내고 싶습니다

그토록 모진 말로
나를 아프게 한 당신을
미워하는 동안

내 마음의 잿빛 하늘엔
평화의 구름 한 점 뜨지 않아
몹시 괴로웠습니다

이젠 당신보다
나 자신을 위해서라도
당신을 용서하지 않을 수가 없습니다
나는 참 이기적이지요?

나를 바로 보게 도와준
당신에게 고맙다는 말을
아직은 용기 없어
이렇게 꽃다발로 대신하는
내 마음을 받아주십시오

박인희(1945-)는 가수이자 작사가이자 시인이다. 젊은 사람들에게는 70년대의 아이유라고 하면 설명이 될지 모르겠다. 차분하고 청아한 음색의 그녀는 노래와 시낭송으로 듣는 이들을 막연한 그리움과 청순함과 슬픔과 버림으로 이끌곤 했다. 그녀와 이해인 수녀는 풍문여중 동창으로 둘 다 시를 쓰며 우정을 나누었다. 두 사람은 각각 용서에 관한 시를 썼다.

나이가 들수록 지혜와 경험과 재산도 쌓이지만 부정적으로는 나잇살도 쌓이고 분노도 쌓인다. 완전히 연소되지 않은 영양분과 노폐물이 조금씩 쌓여 나잇살이 되듯, 마음에서 다 녹이지 못한 억울함과 배신과 누명과 미수금이 쌓여 분노가 된다. 몇 십 년간 축적된 나잇살을 빼는 것이 얼마나 힘든가? 그런데 그보다 더 힘든 것이 마음 속 깊숙이 상처로 박힌 분노와 복수심이다. 성화의 과정 중 가장 힘든 것들 중 하나가

용서이리라!

용서하지 않는 자는 가슴에 빙하를 품고 사는 것과 같다. 꽝꽝 얼은 얼음보다 더 두텁게 얼어붙는 것이 용서하지 못한 마음이다. 입은 용서한다고 말하지만 사실 마음은 용서하지 않고, 그 용서하지 않음을 인해 마음은 더 힘이 들곤 한다. 그토록 모진 말과 거친 행동과 뻔뻔한 배신과 빚을 갚지 않는 이를 어떻게 용서한단 말인가? 자다가도 일어나는 그 사건을 어떻게 기억에서 지운단 말인가? 용서를 해보려고 시도한 이는 용서가 얼마나 어려운지를 안다. 용서하지 않으면 잿빛 하늘의 마음엔 평화의 구름 한 점 뜨지 않기에 자신을 위해서라도 용서하려고 다시 시도하지만, 그럼에도 쉽게 되지 않음에 절망하곤 한다.

용서의 근거

이렇게 힘든 용서를 우리는 왜 해야 할까? 마음이 시원해지려면 차라리 미워하고 분노하고 받은 만큼 갚아 주는 것이 낫지 않는가? 용서하지 않고 복수하면 그 순간은 시원하고 통쾌할지 모른다. 하지만 상대방은 손을 묶어놓고 있지 않다. 그도 언젠가 다시 복수할 것이다. 복수는 복수를 낳는다. 이런 측면에서도 복수는 좋은 것이 아니지만, 신자는 그 이전에 용서를 해야 하는 당위성을 갖는다.

그 때에 베드로가 나아와 이르되 주여 형제가 내게 죄를 범하면 몇 번이나 용서하여 주리이까, 일곱 번까지 하오리이까. 예수께서 이르시되 네게 이르노니 일곱 번뿐 아니라 일곱 번을 일흔 번까지라도 할지니라. 그러므로 천국은 그 종들과 결산하려 하던 어떤 임금과 같으니 결산할 때에 만 달란트 빚진 자 하나를 데려오매 갚을 것이 없는지라. 주인이 명하여 그 몸과 아내와 자식들과 모든 소유를 다 팔아 갚게 하라 하니 그 종이 엎드려 절하며 이르되 내게 참으소서 다 갚으리이다 하거늘 그 종의 주인이 불쌍히 여겨 놓아 보내며 그 빚을 탕감하여 주었더니 그 종이 나가서 자기에게 백 데나리온 빚진 동료 한 사람을 만나 붙들어 목을 잡고 이르되 빚을 갚으라 하매 그 동료가 엎드려 간구하여 이르되 나에게 참아 주소서 갚으리이다 하되 허락하지 아니하고 이에 가서 그가 빚을 갚도록 옥에 가두거늘 그 동료들이 그것을 보고 몹시 딱하게 여겨 주인에게 가서 그 일을 다 알리니 이에 주인이 그를 불러다가 말하되 악한 종아 네가 빌기에 내가 네 빚을 전부 탕감하여 주었거늘 내가 너를 불쌍히 여김과 같이 너도 네 동료를 불쌍히 여김이 마땅하지 아니하냐 하고 주인이 노하여 그 빚을 다 갚도록 그를 옥졸들에게 넘기니라(마 18:21-34).

예수님은 베드로가 형제의 죄를 몇 번이나 용서해야 하냐고 여쭈었을 때 일곱 번을 일흔 번까지 용서하라며 위의 비유를 드셨다. 한 달란트는 육천 데나리온이다. 만 달란트는 육천만 데나리온이다. 한 데나리온은 일꾼의 하루 품삯이다. 현재 하루 품삯을 십만 원이라고 하면 백 데나리온은 일천만 원이고, 만 달란트는 육조 원이다. 주인은 종의 빚 육조 원을 탕감해주었는데, 종은 동료의 천만 원을 탕감해주지 않았다. 이 비유에서 만 달란트의 빚은 육조 원의 액수를 의미하기보다 사람이 결코 벌 수 없는 무한의 액수를 의미한다. 종은 무한의 빚을 탕감 받았으므로 동료의 작은 빚을 기꺼이 탕감해주어야 한다.

하나님은 사람들의 무한한 죄를 탕감해주셨다. 그 무한한 죄의 값은 얼마나 큰지 하나님의 독생자가 죽으셔야 했다. 사람들은 이 세상과 자신의 존재 자체를 하나님께 빚지고 있다. 사람들이 서울대공원이나 에버랜드에 입장하려면 입장료를 지불해야 한다. 그런데 사람들은 서울대공원이나 에버랜드와는 견줄 수 없는 이 세상에 사람의 형상으로 입장하는 데 아무 비용도 지불하지 않았으니 하나님에게 큰 빚을 지고 있다. 세상에 입장한 후에는 하나님을 향해 죄를 지었으니 이 죗값이 또 얼마나 큰지 모른다. 하나님은 사람들의 이 모든 빚을 예수 그리스도의 죽음을 통해 탕감해주셨다. 이유는 그들을 불쌍히 여기시고 사랑한 이유뿐이다. 다른 이유가 없다.

모든 신자는 하나님께 이렇게 엄청난 죄를 아무 이유 없이 탕감 받았다. 그러니 모든 신자는 자신에게 죄를 범한 사람들의 죄를 탕감해줘야 한다. 이것이 모든 신자가 원수를 용서해야 하는 이유다. 용서하지 않는 자는 상대방의 죄를 크다고 여기는 것이고, 하나님께 탕감 받은 자신의 죄가 얼마나 큰지를 절실히 깨닫지 못하는 것이다. 자신의 창조와 구원이 하나님의 얼마나 큰 사랑과 은혜로 인한 것임을 모르기 때문에, 상대방이 자신에게 범한 죄를 크게 생각한다.

원수를 용서하기 힘들어 하는 자는 원수의 모진 말과 거친 행동과 배신에 집중하는 것이 아니라, 자신이 하나님을 향해 지은 죄에 집중해야 한다. 하나님으로부터 받은 용서의 양을 생각해야 한다. 그것이 6조 원이 넘는다는 것을 온 몸으로 느끼고 절실히 깨달을 때까지 묵상하고 묵상해야 한다. 그러면 상대방의 그 모진 말과 거친 행동도 실은 일천만 원에 지나지 않음을 깨닫게 된다. 하나님의 큰 사랑을 인해 그 사람의 죄가 작게 여겨져 비로소 용서할 마음이 생기기 시작한다.

용서, 성화의 증거

예수님은 위의 비유를 아래 말씀에 이어서 하셨다. 양 한 마리를 잃은 사람은 아흔아홉 마리를 산에 두고 잃은 양을 찾으러 가고, 찾으면 아흔 아홉 마리보다 더 기뻐한다. 바로 이런 관점으로 형제가 죄를 범하면 그 사람과 일대일로 만나 권고해야 한다. 죄를 범한 자를 길 잃은 양처럼 안타깝게 여기며 권고해야 한다. 그가 들으면 그를 얻은 것이고, 이것은 아흔아홉 마리의 양보다 더 큰 기쁨을 맛보는 것이다. 성화의 길을 걷는 참된 신자는 이 기쁨의 가치를 알고 누릴 줄 알아야 한다.

> 너희 생각에는 어떠하냐 만일 어떤 사람이 양 백 마리가 있는데 그 중의 하나가 길을 잃었으면 그 아흔아홉 마리를 산에 두고 가서 길 잃은 양을 찾지 않겠느 냐. 진실로 너희에게 이르노니 만일 찾으면 길을 잃지 아니한 아흔아홉 마리보 다 이것을 더 기뻐하리라. 이와 같이 이 작은 자 중의 하나라도 잃는 것은 하늘 에 계신 너희 아버지의 뜻이 아니니라. 네 형제가 죄를 범하거든 가서 너와 그 사람과만 상대해 권고하라. 만일 들으면 네가 네 형제를 얻은 것이요 만일 듣지 않거든 한두 사람을 데리고 가서 두세 증인의 입으로 말마다 확증하게 하라. 만 일 그들의 말도 듣지 않거든 교회에 말하고 교회의 말도 듣지 않거든 이방인과 세리와 같이 여기라. 진실로 너희에게 이르노니 무엇이든지 너희가 땅에서 매면 하늘에서도 매일 것이요 무엇이든지 땅에서 풀면 하늘에서도 풀리라. 진실로 다시 너희에게 이르노니 너희 중의 두 사람이 땅에서 합심하여 무엇이든지 구하

면 하늘에 계신 내 아버지께서 그들을 위하여 이루게 하시리라. 두세 사람이 내 이름으로 모인 곳에는 나도 그들 중에 있느니라(마 18:12-20).

만일 그가 듣지 않으면 한두 사람을 데리고 두세 증인의 입으로 말마다 확증하며 권고한다. 만일 그들의 말도 듣지 않으면 교회에 말하고 교회의 말도 듣지 않을 때에야 비로소 이방인과 세리와 같이 여긴다. 참된 신자는 죄를 범한 형제를 권고할 때 그를 길 잃은 양처럼 여겨 안타까워해야 한다. 그가 듣고 돌아오기를 바라는 마음으로 권고해야 한다.

교회가 죄를 범한 형제에 대해 최종적인 권고를 할 때 그를 징계하려는 목적이 아니라 그가 듣고 돌아오는 것을 목적으로 해야 한다. 하나님은 교회에 매고 푸는 권세를 주셨다. 교회가 매고 풀면 하늘도 그에 따라 매고 푼다. 땅에 있는 교회의 결정이 하늘의 결정이 되니 하나님께서 얼마나 큰 권세를 교회에 주셨는지 모른다. 하나님은 교회가 그 권세를 옳게 사용하도록 두세 사람이 모인 곳에 같이 계셔 그들을 인도하신다. 사랑과 용서의 하나님이 그들 중에 계셔 그들을 인도하실 때에 그들에게 바라시는 것이 무엇일까? 당연히 사랑과 용서다.

그러므로 너희는 이렇게 기도하라. 하늘에 계신 우리 아버지여, 이름이 거룩히 여김을 받으시오며, 나라가 임하시오며, 뜻이 하늘에서 이루어진 것 같이 땅에서도 이루어지이다. 오늘 우리에게 일용할 양식을 주시옵고, 우리가 우리에게 죄 지은 자를 사하여 준 것 같이 우리 죄를 사하여 주시옵고, 우리를 시험에 들

게 하지 마시옵고, 다만 악에서 구하시옵소서. 나라와 권세와 영광이 아버지께

영원히 있사옵나이다. 아멘(마 6:9-13).

예수님은 제자들에게 위에처럼 기도를 가르쳐주셨다. 주님이 가르쳐주신 기도문이라고 하여 "주기도문"이라고 불린다. 주기도문에 "우리가 우리에게 죄 지은 자를 사하여 준 것 같이 우리 죄를 사하여 주시옵고"라는 구절이 있다. 이 구절은 얼핏 보기에 우리가 우리에게 죄 지은 자를 사하여 주는 것이 원인이고, 그에 따라 하나님께서 우리 죄를 사하여 주시는 것이 결과인 것처럼 보인다. 그래서 마치 우리가 행위에 의한 구원을 받는 것처럼 느낄 수 있다.

하지만 이 구절은 절대로 그런 원인과 결과의 논리가 아니다. 예수님께서 제자들에게 기도를 가르쳐주실 때 이미 하나님의 사랑과 은혜는 전제되어 있다. 하나님께서 이미 만 달란트의 죄를 용서하여 주신 것을 전제로 하여 이런 기도문이 주어진다. 우리는 하나님의 그런 큰 용서를 받았으니 이에 근거하여 우리도 우리에게 죄 지은 자를 사하여 주어야 한다. 그렇게 형제의 죄를 용서할 때 하나님은 우리가 구원의 참된 의미를 아는 자인 줄로 받으셔서 우리 죄를 사하여 주신다.

예수님은 주기도문을 가르치신 후에 바로 이어서 "너희가 사람의 잘못을 용서하면 너희 하늘 아버지께서도 너희 잘못을 용서하시려니와 너희가 사람의 잘못을 용서하지 아니하면 너희 아버지께서도 너희 잘못을 용서하지 아니하시리라"(마 6:14-15)라고 말씀하셨다. 신자가 타인의 잘못

을 용서한다는 것은 하나님께서 자신을 용서하신 것을 안다는 의미다. 그러므로 하늘 아버지께서도 그 신자의 잘못을 용서하시는데 이것은 이미 용서하신 것을 확증하는 것에 지나지 않는다. 만약 신자라는 자가 타인의 죄를 용서하지 않는다면 이것은 자신의 죄가 얼마나 큰지, 이 큰 죄가 하나님의 크신 사랑과 은혜로 용서되었다는 것을 모른다는 것이다. 그러므로 하늘 아버지께서도 그의 잘못을 용서하지 아니하신다. 하나님께서는 이미 그를 용서하셨음에도 불구하고 그가 타인의 용서를 거부할 때에 하나님은 그를 용서하신 것을 거두시는 것이다. 위의 비유에서 주인이 종이 진 빚 만 달란트의 탕감을 취소한 것과 같다.

> 서기관들과 바리새인들이 음행중에 잡힌 여자를 끌고 와서 가운데 세우고 예수께 말하되, 선생이여 이 여자가 간음하다가 현장에서 잡혔나이다. 모세는 율법에 이러한 여자를 돌로 치라 명하였거니와 선생은 어떻게 말하겠나이까. 그들이 이렇게 말함은 고발할 조건을 얻고자 하여 예수를 시험함이러라. 예수께서 몸을 굽히사 손가락으로 땅에 쓰시니 그들이 묻기를 마지 아니하는지라. 이에 일어나 이르시되 너희 중에 죄 없는 자가 먼저 돌로 치라 하시고 다시 몸을 굽혀 손가락으로 땅에 쓰시니 그들이 이 말씀을 듣고 양심에 가책을 느껴 어른으로 시작하여 젊은이까지 하나씩 하나씩 나가고 오직 예수와 그 가운데 섰는 여자만 남았더라(요 8:3-9).

서기관들과 바리새인들이 음행 중에 잡힌 여자를 끌고 와서 예수님께 어떻게 해야 하냐고 물었다. 이들은 처리 방법을 몰라서가 아니라 예수님을 고발할 조건을 얻고자 물었다. 레위기 20:10은 "누구든지 남의 아내와 간음하는 자 곧 그의 이웃의 아내와 간음하는 자는 그 간부와 음부를 반드시 죽일지니라"고 말한다. 이들은 이 말씀에 근거하여 이 여자를 돌로 쳐야 하냐고 물었다. 이들은 예수님께서 돌로 치라고 답하면 예수님을 사랑이 없는 자라고 비난할 생각이었고, 풀어주라고 하면 율법을 어기는 자라고 비난할 생각이었다.

예수님은 몸을 굽히사 손가락으로 땅에 쓰셨다. 무엇을 쓰셨을까? 가물가물한 율법 조문을 기억해내시며 써보셨을까? 아니다. 예수님은 특정의 단어나 문장을 쓰시지 않았을 것이다. 단지 이들로 자신들의 행동을 살펴볼 시간을 주시기 위하여 손가락으로 땅에 그저 끄적거리셨을 것이다. 이들은 그런 예수님을 향하여 재차 묻기를 망설이지 않았다. 이들의 마음은 예수님에 대한 미움과 간음한 여인에 대한 분노로 가득차 기다릴 여유가 없었다. 이에 예수님은 "너희 중에 죄 없는 자가 먼저 돌로 치라"고 답하셨다. 그리곤 다시 몸을 굽혀 손가락으로 땅에 쓰셨다. 다시 그들로 생각하게 하신 것이다.

그들은 이 말씀을 듣고 양심에 가책을 느껴 어른으로 시작하여 젊은이까지 하나씩 하나씩 나갔다. 예수님의 말씀을 듣고 자신들을 살펴보니 자신들의 큰 죄가 보이기 시작한 것이다. 그들도 간음했고 살인한 자들인 것이다. 단지 들키지 않았을 뿐이다. 양심에 비추어 자신들의 죄를 살피니 양심의 가책을 느꼈다. 나이가 들수록 자신들의 쌓은 죄가 크기에 어른부터 하나씩 떠나기 시작했다. 마침내 오직 예수와 그 여자만 남았다.

예수님은 그녀에게 "나도 너를 정죄하지 아니하노니 가서 다시는 죄를 범하지 말라"고 말씀하셨다. 예수님은 그녀의 음행이 죄가 아니라고 하신 것이 아니라, 그 음행의 죄를 용서하신 것이다. 그녀의 뉘우침을 보시고 다시는 죄를 범하지 말라고 권고하신 것이다. 예수님은 죄를 싫어하시며 거룩하신 분이다. 하지만 죄인을 싫어하신 것은 아니다. 죄인이 죄를 회개하고 돌아오기를 바라셨다. 예수님은 그것을 위하여 십자가에 피 흘려 죽기까지 하셨다. 이 정도로 죄인을 사랑하신 것이다. 이 사랑으로 바로 우리 각자의 죄도 용서하신 것이다.

성화의 길을 걷는 참된 신자는 그 하기 힘든 용서를 하기 위하여 노력하는 자다. 용서가 어렵지만 그 두터운 미움과 분노의 빙하를 녹이기 위하여 하나님께 매달리는 자다. 빙하를 품고 사는 삶이 힘들고, 용서하지 못하는 자신이 부끄럽기에 하나님의 큰 사랑과 은혜를 생각하며 그 따스함으로 자신이 품고 있는 빙하를 녹이기 위해 애쓰는 자다. 자신에게 죄를 범한 자의 죄가 얼마나 큰지를 생각하면 그리고 그 죄로 자신이 받은 상처와 손해가 얼마나 큰지를 생각하면 그자를 용서하기 힘들다. 거의 불가능하다. 죽는 순간에도 그 미움을 풀지 못한다. 하지만 자신이 지은 죄를 생각하고, 그 죄를 용서하신 하나님을 생각한다면 달라진다. 하나님께 지은 자신의 죄값은 6조 원이나 되고, 그자가 지은 죄값은 천만 원에 지나지 않음을 깊이 깨닫게 되면 그자를 용서할 근거와 용기가 생긴다. 칭의를 알고 성화의 길을 걷는 참된 신자는 자신의 의로움과 넓은 마음이 아니라 자신의 죄가 큰 것과 그 죄를 용서하신 하나님을 깨달음으로 형제의 죄를 용서하는 것이다.

원수를 갚으시는 하나님

내 사랑하는 자들아 너희가 친히 원수를 갚지 말고 하나님의 진노하심에 맡기라. 기록되었으되 원수 갚는 것이 내게 있으니 내가 갚으리라고 주께서 말씀하시니라. 네 원수가 주리거든 먹이고 목마르거든 마시게 하라. 그리함으로 네가 숯불을 그 머리에 쌓아 놓으리라. 악에게 지지 말고 선으로 악을 이기라(롬 12:19-21).

우리는 우리 자신의 권리와 능력으로 원수를 갚을 수 있다고 착각하기 쉽다. 그런데 위의 말씀처럼 그러한 권리와 능력은 모두 하나님에게 있다. 하나님께서 우리에게 범죄 한 형제에 대해 진노하시며 원수를 갚으신다. 우리에게는 원수를 갚을 근거와 권리와 능력이 없다. 왜냐하면 첫째로 사람이 우리에게 지은 죄가 아무리 많아도 그것은 천만 원에 지나지 않고, 하나님께 용서 받은 우리 죄의 양은 육조 원에 이르므로 우리는 형제의 죄를 용서해주어야 하기 때문이다. 둘째로 우리가 원수를 갚을 때에 우리는 형제가 지은 죄만큼 정확히 갚을 수 없기 때문이다.

과대하게 혹은 과소하게 원수를 갚아 정확한 복수가 되지 못한다. 더구나 형제는 우리의 복수를 예상하고 방어하고 때로 반격한다. 그 방어를 뚫고 복수하려면 우리의 손에 피를 흘리기 쉽고, 때로는 복수를 갚다 오히려 심한 부상과 죽임에 이르기도 한다. 셋째로 친히 원수를 갚으려면 원수에 대한 불타는 적개심에 빠져 우리의 가슴엔 얼음 두께보다 더 두터운 미움이 형성되어 우리 자신이 힘들기 때문이다. 그렇게 가슴에 빙하를 품고 살며 복수에 성공했을 때 그 순간에는 마음이 후련할지 모르지만 복수하기까지 힘들었던 우리의 마음은 어디에서 보상을 받는단 말인가? 우리 마음의 잿빛 하늘에 평화의 구름 한 점 뜨지 않은 그 비참함을 어떻게 보상받는단 말인가? 우리는 우리 자신을 위해서라도 원수를 용서해야 한다.

하나님은 우리 원수의 죄에 진노하신다. 거룩하시고 공의로우시기 때문에 죄를 싫어하시고 친히 원수를 갚으신다. 그런데 피조물인 우리의 시각에는 하나님의 복수하시는 속도가 느려 보이고, 마음이 후하신 하나님이신지라 우리의 원수에게 조금만 복수하시는 것 같다. 하지만 이것은 우리의 어설픈 관찰과 미련한 헤아림에 지나지 않는다. 하나님은 극소의 세포와 극대의 우주를 정확하게 창조하시고 지금 이 순간에도 얼마나 세밀하게 운행하시는지 모른다. 그런 하나님께서 어설프게 원수를 갚으시겠는가?

제4장 섭리에서 살펴본 것처럼 북이스라엘의 아합 왕은 왕궁 가까이에 있는 나봇의 포도원을 탐내어, 하나님과 왕을 저주했다는 누명을

씌워 돌로 쳐죽이고 포도원을 강탈했다. 하나님은 선지자를 보내시어 "개들이 나봇의 피를 핥은 곳에서 개들이 네 피 곧 네 몸의 피도 핥으리라"(왕상 21:19)라고 말씀하셨다. 하나님은 이 말씀을 우연히 날아온 화살을 통해 아합을 죽임으로 실현하셨음을 우리는 기억해야 한다.

억울하게 죽은 나봇의 가족은 분노와 복수심으로 얼마나 힘들었을까? 하나님과 왕을 저주한 집안이라는 누명 속에서 승승장구하는 아합 가문을 바라볼 때마다 적개심으로 마음이 불탔고, 무력감에 삶의 의욕을 잃었고, 하나님이 정말 살아 계신지 신앙의 회의에 빠졌을 것이다. 하지만 하나님은 그 순간에도 일하고 계셨다. 아직 때가 차지 않아 복수가 결정적으로 시행되지 않았을 뿐이다. 때가 찼을 때 하나님은 그의 탐욕을 부추겨 아람에게 전쟁을 걸게 하셨고, 그가 꾀를 부려 변장하고 전쟁터에 나가게 하셨고, 그의 꾀를 비웃으시듯 우연히 날아가는 화살을 통해 그를 맞히셨다.

부상을 당한 채 병거 가운데에 붙들려 서서 아람 사람을 막는 아합의 심정은 어떠했을까? 처음에는 한두 시간 막다보면 전쟁터를 빠져나가리라 생각했을 것이다. 그런데 시간이 흘러도 맹렬한 전쟁은 수그러들지 않고 계속하여 아람 사람들이 자신에게 밀려올 때에 그는 선지자의 말이 떠오르지 않았을까? 자신의 죽음이 서서히 느껴지지 않았을까?

병거 바닥에 고인 아합의 피가 사마리아 못에서 씻길 때에 지켜보는 이들은 어떠했을까? 개들이 나봇의 피를 핥은 곳에서 개들이 아합의 피도 핥으리라는 하나님의 말씀을 떠올리며 전율했을 것이다. 하나님은 이렇게 정확하시다. 하나님은 죄에 대해 진노하시고 그 죄의 양에 맞게 원수를 갚으신다. 하나님은 복수하실 때 증거를 남기시지 않는다. 사람에게 완전 범죄란 존재하지 않는다. 누군가가 미워 살인 청부업자에게 살인을 맡겨 성공할지라도 수사관들은 증거를 찾아내며 범인을 옥죄어 온다. 하지만 하나님은 우연히 날아가는 화살, 갑작스런 심장마비와 뇌졸중, 생각지 않은 교통사고와 건물 붕괴를 통해 "자연사"로 죽이신다. 때로는 지진과 해일과 번개도 사용하신다.

성경은 곳곳에서 이렇게 일하시는 하나님의 섭리에 대해 말한다. 이미 살펴본 것처럼 하나님은 과부 룻으로 보아스를 만나는 복을 주시는데 바로 우연한 발걸음을 통해서다. 룻은 우연히 보아스의 밭에 들어가 이삭을 주웠는데, 마침 그때 보아스가 밭에 와서 룻을 보게 되어(룻 2:3-4) 이 둘이 만나게 되었다. 하나님은 악한 자는 우연히 날아가는 화살로 죽음에 이르게 하시고, 선한 자는 우연한 발걸음으로 귀인을 만나 큰 복을 받게 하신다.

하나님께서 사람이 죄를 짓는 모든 일에 대해 신원하여 주시므로(살전 4:6) 참된 신자는 분수를 넘어서 형제를 해하면 안 된다. 사람이 원수를 친히 갚지 않는다는 것은 자신이 죄 많은 피조물이라는 사실과 원수의 죄가 그리 크지 않다는 것, 그리고 자신에게 정확히 복수할 능력이 없다는 것을 안다는 것이다. 성화의 길을 걷는 신자는 하나님의 크신 사랑과 능력을 바라야 한다. 우리의 엄청난 죄를 용서하신 하나님의 사랑과 은혜를 알아야 하고, 우리의 원수를 정확히 갚으시는 하나님의 섭리를 알아야 한다. 용서는 결국 하나님과 자신에 대해 정확한 지식을 갖는 자만이 할 수 있다. 칭의와 성화를 제대로 성경적으로 이해하는 자가 용서할 수 있다.

> 35 오직 너희는 원수를 사랑하고 선대하며 아무것도 바라지 말고 꾸어 주라 그리하면 너희 상이 클 것이요 또 지극히 높으신 이의 아들이 되리니 그는 은혜를 모르는 자와 악한 자에게도 인자하시니라 36 너희 아버지의 자비로우심 같이 너희도 자비로운 자가 되라 37 비판하지 말라 그리하면 너희가 비판을 받지 않을 것이요 정죄하지 말라 그리하면 너희가 정죄를 받지 않을 것이요 용서하라 그리하면 너희가 용서를 받을 것이요(눅 6:35-37).

하나님은 은혜를 모르는 자와 악한 자에게도 인자하시어, 원수를 사랑하신다. 자신의 아들을 십자가에 내어주시기까지 원수를 사랑하신다. 참된 신자는 아버지의 자비로우심 같이 자비로운 자가 되기 위하여 성화의 길을 걷는 자다. 자신의 옹졸한 마음을 한탄하며 조금이라도 넓히기 위하여 십자가에 매달리는 자다. 우리는 용서해야 한다. 참으로 힘든 일이지만, 우리가 용서를 받기 위해서라도 용서해야 한다. 이신칭의에 대한 이기적 오해로 자신의 죄만 용서되었다고 여기면 안 된다. 하나님의 은혜를 값싸게 취급하면 안 된다. 이신칭의에 담긴 예수 그리스도의 죽으심과 그 독생자를 내어주신 하나님의 사랑을 성화의 길에서 드러내야 한다. 자신도 죄에 있어 죽어야 하고 사랑에 있어 살아나야 한다. 그

때 우리는 자유로운 자가 된다. 원수에게 복수할 때 자유로운 것이 아니라, 원수를 용서할 때 하나님의 사랑에 풍덩 빠져 모든 감정을 녹이며 모든 것으로부터 자유로울 수 있다.

토론문제

1. 박인희의 「너와 나」, 이해인의 「용서의 꽃」을 낭독해봅시다. 여러분도 용서하지 못하여 가슴에 빙하를 품고 산 적이 있습니까? 용서하지 못한 경험, 용서한 경험, 용서 받지 못한 경험, 용서 받은 경험을 나누어봅시다.

2. 마태복음 18:21-34을 읽읍시다. 여러분은 하나님께 최소한 만 달란트(6조원) 이상의 빚을 졌고, 여러분의 원수는 여러분에게 최대한 일백 데나리온(1천만원) 이하의 빚을 졌다는 것에 동의합니까?

3. "우리가 우리에게 죄 지은 자를 사하여 준 것 같이 우리 죄를 사하여 주시옵고"는 무슨 뜻인지 나누어봅시다. 요한복음 8:3-9을 읽읍시다. 여러분도 여러분의 죄를 생각하며 타인의 죄를 용서할 수 있습니까?

4. 로마서 12:19-21을 읽읍시다. 여러분은 원수 갚는 것이 하나님께 있음을 믿으며 복수를 하나님께 맡길 수 있습니까? "개들이 나봇의 피를 핥은 곳에서 개들이 네 피 곧 네 몸의 피도 핥으리라"(왕상 21:19)라는 선지자의 예언은 어떻게 실현이 되었습니까? 여러분은 억울한 일이 있을 때 하나님의 섭리를 믿으며 우울증과 화병에 걸리지 않고 경쾌하게 보낼 수 있습니까?

5. 누가복음 6:35-37을 읽어봅시다. 여러분은 이 말씀에 따라 원수를 사랑하고, 아버지의 자비로우심 같이 자비로운 자가 되기 위하여 성화의 길을 걷고 있습니까?

제10장

기도

하나님의 뜻에 맞는 간구

기도
— 나태주

내가 외로운 사람이라면
나보다 더 외로운 사람을
생각하게 하여 주옵소서

내가 추운 사람이라면
나보다 더 추운 사람을
생각하게 하여 주옵소서

내가 가난한 사람이라면
나보다 더 가난한 사람을
생각하게 하여 주옵소서

더욱이나 내가 비천한 사람이라면
나보다 더 비천한 사람을
생각하게 하여 주옵소서

그리하여 때때로
스스로 묻고
스스로 대답하게 하여 주옵소서

나는 지금 어디에 와 있는가?
나는 지금 어디로 향해 가고 있는가?
나는 지금 무엇을 보고 있는가?
나는 지금 무엇을 꿈꾸고 있는가?

인생을 살면서 기도하지 않는 사람은 드물 것이다. 월드컵 경기에서 페널티 킥으로 승부를 결정지을 때 공을 차는 선수나 막는 골키퍼나 그리고 지켜보는 관중까지 기도한다. 하나님은 누구의 기도를 들어주실까? 로또 복권을 산 이도 기도하고, 아이 낳기를 원하는 이도 기도하고, 수능고사를 보는 학생도 지켜보는 학부모도 간절히 기도한다. 사람은 자신의 힘으로 감당하기 힘든 일을 맞이할 때, 꼭 갖고 싶은 것이 있을 때, 사랑하는 사람이 잘 되기를 바랄 때 기도한다.

아이들의 동화 속에도 기도가 등장한다. 도깨비 방망이나 알라딘의 요술 램프 같은 것들이다. 도깨비가 금 나오라는 말과 함께 방망이를 휘두르면 금이 나온다. 알라딘의 요술 램프에서는 주인이 램프를 문지르면 거인이 나타나 주인의 요구를 들어준다. 이것들을 소유하면 소유한 자의 인격이 어떠하든, 요구 사항이 무엇이든 응답이 이루어진다. 기도자는 기도할 때 이런 기도 응답을 바랄 것이다. 하지만 이런 식의 기도 응답은 기도자의 인격과 가치관을 헤쳐 궁극적으로 안 좋은 영향을 미친다. 조직폭력배는 다른 조직을 무력으로 응징할 때 성공을 위하여 무당에게 비싼 굿을 한다. 이런 기도에 응답이 된다면 그 조직폭력배는 더 악한 행위를 하게 되고, 끝내 법의 심판을 받게 된다.

"자세히 보아야 예쁘고, 오래 보아야 사랑스럽다"라고 말한 나태주 시인의 기도는 예사롭지 않다. 그는 외로울 때 더 외로운 사람을, 추울 때 더 추운 사람을, 가난할 때 더 가난한 사람을, 비천할 때 더 비천한 사람을 생각하게 해달라고 기도한다. 그리하여 스스로 묻고 스스로 대답하는 자가 되어, 자신이 어디에 와 있고, 어디로 향하고, 무엇을 보고, 꿈꾸는지 생각하는 자가 되게 해달라고 기도한다. 그는 돈과 권력과 명예가 아니라 자신의 처지를 통해 더 힘든 사람들을 생각하는 자가 되게 해달라고, 그리고 이런 사유의 과정을 통해 자신의 시작과 마침과 의미에 대해서도 깊이 탐구하는 자가 되게 해달라고 기도한다. 그렇다면 기독 신자는 무엇을 위해 어떻게 기도해야 할까?

다른 종교에도 있는 기도

배상문 선수는 2011년 12월초에 미국 프로골프리그(PGA)의 자격 시험에 11위로 합격했다. 그때 그는 "엄마의 기도발 덕분에 합격한 것이라고 봄니다. 경기가 한국시간으로 새벽에 열리는데 엄마가 그 시간에 줄곧 기도하신다고 들었어요"라고 말했다. 많은 기독 신자들은 어머니가 여호와 하나님께 기도했으리라 생각하겠지만 절에서 부처에게 기도했다. 그는 2013년 5월에 PGA의 바이런넬슨챔피언십에서 우승하며 13억 5000만원의 상금을 획득했다. 그때도 그녀는 합천 해인사의 홍제암에서 기도했고, 아들의 우승 소감으로 "부처님이 기도를 들어주셨네요. 그저 고마울 따름입니다"라고 말했다.

이런 기도 응답에 대한 이야기는 2016년 올림픽 때 펜싱 에페에서 금메달을 딴 박상영 선수에게도 있었다. 결승전에서 그는 한 점을 잃으면 지는 10-14라는 순간을 맞이했다. 연속으로 5점을 획득해야만 이기는 절체절명의 순간이었다. 그는 포기하지 않고 "나는 할 수 있다"라고 되뇌이며 칼을 휘둘러 그의 말처럼 끝내 해냈다. 그 장면을 본 국민들은 큰 감동에 빠졌다. 그의 어머니는 집안 형편이 어려워 아들을 위해 해줄 수 있는 것이 별로 없어 기도만 했다고 인터뷰했다. 그녀는 올림픽 2달 전부터 전국 유명 사찰을 돌며 기도했고, 그때마다 "펜싱 선수 박상영 리우올림픽 파이팅"이라는 기도 내용을 기왓장에 적어 올렸다.

이처럼 기독교만이 아니라 다른 종교에도 기도가 있다. 아이를 못 낳는 집안이 절에 가서 지극정성으로 백일간 기도했다는 이야기는 한국 사람에게 낯설지 않다. 또 장독대에서 "칠성님께 명을 빕니다."라며 수명을 관장하는 북두칠성신께 기도하던 장면도 장독대가 익숙하던 시절에는 흔히 볼 수 있었다. 사람 사는 곳이면 힘든 일을 해결하고 싶고 원하는 것을 달성하고 싶어 기도가 있기 마련이고, 이런 필요와 심리를 이용하여 무당과 점쟁이는 수천만 원의 굿과 비싼 부적을 판매하곤 한다.

기도에 있어 기독교와 타종교의 차이점은 기도의 유무에 있지 않고 무엇을 간구하느냐에 있다. 기도는 사람이 사는 곳이라면 다 있기 마련이다. 종교를 갖지 않은 이도 강력하게 원하는 것이 있으면 자신도 모르는 가운데 기도하고, 종교인들은 자신들이 믿는 신에게 기도한다. 기독교가 단지 기도를 받으시는 분에 있어서만 타종교와 다르다면, 그것은 성경이 금한 이방인의 기도에 해당할 수 있다. 그리스도인은 기도의 내용과 목적에 다른 이들과 차이가 있어야 한다.

이방인과 다른 신자의 기도

자신이 원하는 바를 신에게 정성스럽게 간구하면 응답 받는다는 개념은 무속, 불교, 기독교에 상관없이 한국인에게 공통적으로 존재한다. 한국의 전통적 기도 문화 속에 성장한 신자들은 기도에 대해 정성스럽게 간구하면 응답이 된다는 생각을 자연히 갖게 된다. 지성이면 감천, 백일기도, 용맹기도 등의 단어들로 기도에 대한 개념과 느낌을 기초적으로 형성한다. 최순실은 2010년부터 압구정동의 A교회를 전 남편과 딸과 함께 다녔는데 이 교회 주보에 이들의 기도와 감사 제목이 아래처럼 실렸다.

"2014 아시안게임에 당선되게 해주세요." / 2012년 2월 19일, 정유연

"승마대회에서 금메달 딴 것 감사드리며 건강 주셔서 감사합니다." / 2012년 4월 22일, 최순실·정유연

"삼성동 건물이 팔리게 도와주소서." / 2015년 4월 12일, 최순득

우리는 위의 기도 제목을 어떻게 봐야 하는가? 기독교의 참된 기도 제목으로 봐야 하는가? 아니면 불교나 유교나 무속에도 있는 기도 제목으로 봐야 하는가? 실제로 불교 법당에 가면 곳곳에 기도 제목들이 쓰여 있는데 위의 기도 제목과 별반 다르지 않다. 성경은 이방인들에게도 기도가 있다면서 그리스도인이 어떤 면에서 그들과 달라야 하는지 이렇게 말한다.

또 너희는 기도할 때에 외식하는 자와 같이 하지 말라. 그들은 사람에게 보이려고 회당과 큰 거리 어귀에 서서 기도하기를 좋아하느니라. 내가 진실로 너희에게 이르노니 그들은 자기 상을 이미 받았느니라. 너는 기도할 때에 네 골방에 들어가 문을 닫고 은밀한 중에 계신 네 아버지께 기도하라. 은밀한 중에 보시는 네 아버지께서 갚으시리라. 또 기도할 때에 이방인과 같이 중언부언하지 말라. 그들은 말을 많이 하여야 들으실 줄 생각하느니라. 그러므로 그들을 본받지 말라. 구하기 전에 너희에게 있어야 할 것을 하나님 너희 아버지께서 아시느니라. 그러므로 너희는 이렇게 기도하라. 하늘에 계신 우리 아버지여 이름이 거룩히 여김을 받으시오며(마 6:5-9).

참된 신자는 사람에게 보이려고 사람이 많은 곳에서 기도하면 안 된다. 골방에 들어가 기도해도 은밀한 중에 보시는 하나님께서 갚으신다. 또 기도할 때에 이방인과 같이 중언부언하면 안 된다. 이방인은 말을 많이 해야 하나님께서 들으신다고 생각한다. 하지만 세상을 만드시고 통치하시는 하나님은 신자들이 구하기 전에 그들에게 있어야 할 것이 무엇인지 아신다. 예수님은 이렇게 말씀하신 후에 "너희는 이렇게 기도하라"고 말씀하시며 "주기도문"으로 알려진 기도 내용을 알려주신다.

신자들은 무엇을 기도해야 할지 모를 때 주기도문을 참고해야 한다. 신자들은 어떻게 기도해야 할지 모를 때 하나님은 은밀한 중에 보시며 갚으시는 분임을, 그리고 신자들이 구하기 전에 그들의 필요가 무엇인지 아시는 분임을 명심해야 한다. 우리를 창조하시고 다스리시는 하나님께서 우리의 필요를 미리 아시지 못한다면 전능하신 하나님이 아니신 것이다. 기도하는 자가 필요한 바를 나열할 때에야 비로소 아는 신은 그 사람의 기도에 응답할 능력이 없다. 참된 신은 신자가 구하기 전에 무엇이 필요한지 알아야 하고, 그 필요한 것들을 꼭 필요한 때에 응답하실 줄 알아야 한다.

그들이 받은 송아지를 가져다가 잡고 아침부터 낮까지 바알의 이름을 불러 이르되, 바알이여 우리에게 응답하소서 하나 아무 소리도 없고 아무 응답하는 자도 없으므로 그들이 그 쌓은 제단 주위에서 뛰놀더라. 정오에 이르러는 엘리야가 그들을 조롱하여 이르되 큰 소리로 부르라. 그는 신인즉 묵상하고 있는지 혹은 그가 잠깐 나갔는지 혹은 그가 길을 행하는지 혹은 그가 잠이 들어서 깨워야 할 것인지 하매 이에 그들이 큰 소리로 부르고 그들의 규례를 따라 피가 흐르기까지 칼과 창으로 그들의 몸을 상하게 하더라(왕상 18:26-28).

엘리야와 바알의 선지자 450명이 갈멜산에 모여 각각 송아지 한 마리를 잡은 후 하늘에서 불이 내리는 영적 대결을 벌였다. 바알의 선지자들은 아침부터 낮까지 바알의 이름을 부르며 응답해달라고 간구했다. 이것이 바로 같은 말을 되풀이하는 중언부언의 기도다. 중언부언하는 것은 자신의 신이 전능함을 믿지 못하기 때문이다. 엘리야가 그들을 조롱하며 말한 것처럼 신이 묵상하느라 못 들을까봐 중언부언하는 것이다. 잠깐 나갔는지 길을 행하는지 잠이 들어서인지 못 들을까봐 큰 소리로 반복하여 부르는 것이다. 이런 신을 어찌 참된 신이라, 전능한 신이라 할 수 있는가? 구하기 전에 필요를 알아야 참된 신이다!

그들은 응답이 없자, 쌓은 제단 주위에서 뛰놀았고, 그들의 규례를 따라 피가 흐르기까지 칼과 창으로 그들의 몸을 상하게 했다. 어떻게든 신을 자극하여 응답이 있게 하려는 처절한 몸부림이다. 참된 신이라면 어찌 자신의 자녀들이 상하게 할 때까지 응답하지 않겠는가? 거짓 신이고 괴팍한 신이라 응답이 없는 것이고, 몸을 상하게 해도 그 자체를 모르는 것이다. 우리나라 무당도 굿을 하는 중에 작두에 오르는 위험한 행위를 하고, 여러 악기로 떠들썩하게 신을 자극한다.

아브라함과 이삭과 이스라엘의 하나님 여호와여 주께서 이스라엘 중에서 하나

님이신 것과 내가 주의 종인 것과 내가 주의 말씀대로 이 모든 일을 행하는 것

을 오늘 알게 하옵소서. 여호와여 내게 응답하옵소서. 내게 응답하옵소서. 이

백성에게 주 여호와는 하나님이신 것과 주는 그들의 마음을 되돌이키심을 알게

하옵소서(왕상 18:36-37).

저녁 소제 드릴 때까지도 그들에게 응답이 없자 엘리야는 나아가서
위에처럼 기도했다. 그는 중언부언하지 않았고, 제단 주위를 뛰놀지 않
았고, 큰 소리로 외치지 않았고, 피가 흐르기까지 몸을 상하게 하지도
않았다. 그는 단지 여호와의 이름을 부르며 여호와께서 원하시는 내용
을 간구했다. 이 세상을 무에서 만드시고, 언제 어디에든 계시고, 모든
것을 하시고 아시는 하나님은 엘리야처럼 몇 문장으로 원하는 바를 아
뢰어도 그 기도에 응답하심을 알기 때문에 그는 이렇게 기도한 것이다.

엘리야는 크게 두 가지를 기도했다. 첫째는 여호와께서 이스라엘 중
에서 하나님이신 것을 백성이 알도록 기도했다. 엘리야는 여호와의 선지
자로서, 여호와께서 진정한 하나님이심을 확신했다. 그는 여호와께서 창
조자와 섭리자와 구원자 하나님이심을 확신하고 그의 선지자로서 그의
전 생애를 여호와가 하나님이심을 이스라엘에게 선포하고 가르치고 깨
우치기를 원했다. 그는 확신이 있었기에 자신의 목숨을 걸고 450명의 바
알 선지자들과 영적 대결을 벌인 것이다.

둘째 기도 제목은 자신이 여호와의 종인 것과 자신이 여호와의 말씀

대로 이 모든 일을 행하는 것을 백성이 알기를 원하는 것이었다. 엘리야는 결코 자신이 여호와의 종이라는 인정을 받고 싶다는 출세와 인정의 욕구로 이 기도 제목을 말한 것이 아니었다. 자신이 이렇게 하는 것은 여호와께서 명령하신 것으로 큰 의미가 있음을 백성이 알기 원했다. 즉 조상이 왜 애굽을 탈출하여 가나안 땅에 나라를 세웠는지 백성이 알아, 바알이라는 거짓 신을 버리고 여호와만을 섬기기를 원했다.

엘리야가 이렇게 기도할 때 여호와의 불이 내려와 번제물과 나무와 돌과 흙을 태우고 또 도랑의 물을 핥았다. 이것을 지켜본 모든 백성은 엎드려 "여호와 그는 하나님이시로다 여호와 그는 하나님이시로다"라고 말했다. 엘리야의 기도대로 그들은 이스라엘 중에 계신 여호와가 하나님이심을 고백한 것이다. 엘리야는 이런 고백을 하는 그들에게 "바알의 선지자를 잡되 그들 중 하나도 도망하지 못하게 하라"고 말했다. 이들은 곧 바알의 선지자들을 잡았고, 기손 시내로 내려다가 죽였다.

여호와께서는 엘리야로 하여금 올바른 내용을 기도하게 하시고, 이에 대해 응답하시고, 이스라엘 백성을 깨우치시고 기르신다. 이스라엘은 하나님의 자녀로 택함을 받은 특별한 민족인데, 그 의미와 가치를 망각하고 주변의 이방 나라들의 가치관과 문화에 빠져 이방신을 섬겼다. 아합 왕은 유일한 왕이신 하나님을 대신하여 하나님의 말씀으로 이스라엘을 다스려야 했으나 자신의 권력과 부와 영예에 빠져 하나님을 경시하고 이방 신들을 섬겼다. 여호와는 이런 백성과 왕을 버리지 않고 깨우치기를 원하셨고, 이 일에 바로 선지자 엘리야를 사용하신 것이다. 엘리야는 하나님의 선지자로서 하나님의 뜻과 마음을 잘 알아 이스라엘 백성과 왕 앞에서 바알의 선지자들과 영적 대결을 벌였고, 여호와의 말씀과 능력에 의거하여 큰 승리를 거두었다. 그럼에도 이런 큰 이적과 엘리야의 말씀 선포를 듣고도 강퍅하고 미련한 아합 왕은 깨닫지 못하고 여전히 자신의 권력에 도취하여 하나님을 멀리했다.

참된 기도는 여호와가 얼마나 진정한 하나님인가를 아는 데에 달려 있다. 여호와께서 원하는 대로 기도하는 자가 옳게 기도하는 자이다. 여호와께서 자신의 뜻을 계시하여 기록한 성경대로 기도하는 자가 옳게 기도하는 자이다. 자신의 욕심과 야망에 충실할수록 이방인의 기도가 되고, 여호와의 사랑과 말씀에 맞출수록 참된 신자의 기도가 된다. 기도는 하나님을 아는 만큼 이루어진다.

자녀에게 속히 응답하시는 하나님

또 이르시되 너희 중에 누가 벗이 있는데 밤중에 그에게 가서 말하기를 벗이여 떡 세 덩이를 내게 꾸어 달라 내 벗이 여행중에 내게 왔으나 내가 먹일 것이 없노라 하면 그가 안에서 대답하여 이르되 나를 괴롭게 하지 말라 문이 이미 닫혔고 아이들이 나와 함께 침실에 누웠으니 일어나 네게 줄 수가 없노라 하겠느냐. 내가 너희에게 말하노니 비록 벗 됨으로 인해서는 일어나서 주지 아니할지라도 그 간청함을 인해 일어나 그 요구대로 주리라. 내가 또 너희에게 이르노니 구하라 그러면 너희에게 주실 것이요 찾으라 그러면 찾아낼 것이요 문을 두드리라 그러면 너희에게 열릴 것이니 구하는 이마다 받을 것이요 찾는 이는 찾아낼 것이요 두드리는 이에게는 열릴 것이니라. 너희 중에 아버지 된 자로서 누가 아들이 생선을 달라 하는데 생선 대신에 뱀을 주며 알을 달라 하는데 전갈을 주겠느냐. 너희가 악할지라도 좋은 것을 자식에게 줄 줄 알거든 하물며 너희 하늘 아버지께서 구하는 자에게 성령을 주시지 않겠느냐 하시니라(눅 11:5-13).

예수님께서 한곳에서 기도하고 마치시자 제자 중 하나가 요한이 자기 제자들에게 기도를 가르친 것과 같이 자신들에게도 가르쳐 달라고 했다. 예수님은 주기도문을 가르치신 후에 위와 같은 비유를 덧붙이셨다. 사람들은 밤중에 찾아와 떡 세 덩이를 꾸어 달라는 벗에게 친구라는 이유로 일어나서 주지 아니할지라도 간청하면 그의 요구대로 준다. 하지만 하나님은 바로 우리와의 관계 때문에 우리의 기도에 응답하신다. 우리 중에 아버지 된 자로서 아들이 생선을 달라 하는데 대신 뱀을 주는 자가 없고, 알을 달라 하는데 전갈을 주는 자가 없다. 악한 아비일지라도 좋은 것을 자식에게 주는데 하물며 우리를 위하여 독생자까지 주신 하나님께서 가장 좋은 것을 주시지 않겠는가? 그러므로 하나님께 구해야 하고 찾아야 하고 문을 두드려야 한다. 그러면 사랑이 풍성하신 하나님은 우리에게 주시고, 우리는 찾아낼 것이고, 문이 열릴 것이다.

마태복음 7장도 같은 내용을 기록하는데, "너희가 악한 자라도 좋은 것으로 자식에게 줄 줄 알거든 하물며 하늘에 계신 너희 아버지께서 구하는 자에게 좋은 것으로 주시지 않겠느냐"(마 7:11)라고 말한다. 하늘 아버지께서 구하는 자에게 성령을 주신다는 것은 바로 좋은 것을 주신다는 것이다. 이 땅에서 우리가 받을 수 있는 최고의 선물은 성령이다. 성령은 하나님 자체이지 않는가? 하나님보다 더 좋은 것이 어디에 있겠는가? 이 땅위의 좋다고 하는 것들은 모두 성령 하나님의 그림자와 부스러기에 지나지 않는다.

"구하는 이마다 받을 것이요 찾는 이는 찾아낼 것이요 두드리는 이에게는 열릴 것이니라"는 말씀을 전후문맥 없이 보면 구하고 찾고 두드리는 자체가 중요하다고 말하는 것 같다. 하지만 이 문장은 하나님과 신자의 관계가 아버지와 자녀의 관계이기 때문에 자녀가 구하고 찾고 두드리면 하나님의 응답이 있다는 의미다. 조직폭력배가 무당에게 경쟁조직의 괴멸을 구하고 찾고 두드린다고 하여 응답이 있는 것이 아니다. 하나님은 자신의 자녀들이 옳은 것을 구할 때에 필히 응답하신다.

예수께서 그들에게 항상 기도하고 낙심하지 말아야 할 것을 비유로 말씀하여 이르시되, 어떤 도시에 하나님을 두려워하지 않고 사람을 무시하는 한 재판장이 있는데 그 도시에 한 과부가 있어 자주 그에게 가서 내 원수에 대한 나의 원한을 풀어 주소서 하되 그가 얼마 동안 듣지 아니하다가 후에 속으로 생각하되 내가 하나님을 두려워하지 않고 사람을 무시하나 이 과부가 나를 번거롭게 하니 내가 그 원한을 풀어 주리라. 그렇지 않으면 늘 와서 나를 괴롭게 하리라 하였느니라. 주께서 또 이르시되 불의한 재판장이 말한 것을 들으라 하물며 하나님께서 그 밤낮 부르짖는 택하신 자들의 원한을 풀어 주지 아니하시겠느냐, 그들에게 오래 참으시겠느냐, 내가 너희에게 이르노니 속히 그 원한을 풀어 주시리라. 그러나 인자가 올 때에 세상에서 믿음을 보겠느냐 하시니라(눅 18:1-8).

하나님을 두려워하지 않고 사람을 무시하는 재판장이 과부의 원한을 풀어주는 것은 그녀가 그를 번거롭게 하기 때문이다. 하지만 하나님께서 택하신 밤낮 부르짖는 자들의 원한을 풀어 주시는 이유는 그들과의 관계 때문이다. 그들은 하나님의 자녀이지 않는가? 자녀가 간구하는데 듣지 않는 부모가 어디 있는가? 지상의 부모보다 우리를 더 사랑하시는 하나님은 속히 그 원한을 풀어주신다. 그러므로 신자는 항상 기도하고 낙심하지 말아야 한다. 중요한 것은 이에 대한 신자의 믿음이다.

그렇다면 왜 신자의 기도에 응답이 없는가? 구해도 받지 못하는 것은 정욕으로 쓰려고 잘못 구하기 때문이다(약 4:3). 도박과 마약에 돈을 쓰려는 자식에게 돈을 주는 부모가 있겠는가? 자식을 사랑하는 부모라면 돈을 주지 않는 것이 자식을 위하는 것이다. 하나님은 지상의 부모보다 더 정확하게 무엇이 신자들에게 유익한 것인지 아신다. 따라서 간구해도 하나님의 응답이 없다면 신자는 먼저 간구의 내용이 정욕으로 쓰려는 것은 아닌지 살펴야 한다.

기도 응답에는 "기다림"도 있다. 어린 자녀들과 마트에 가서 수박을 산 적이 있었다. 자녀들은 수박을 보는 즉시 먹고자 했다. 값을 지불해야 한다는 개념이 없기 때문이다. 그들에게 기다려야 하는 이유를 설명하며 달래 돈을 지불하고 집에 와서 칼을 꺼내 수박을 자르고자 했다. 자녀들은 칼을 달라며 자신들이 수박을 자르고자 했다. 하지만 날카로운 칼에 자녀들의 손이 다칠 것을 알기에 우리 부부는 단호히 거절하며 주지 않았다. 울며 때를 써도 주지 않았다. 자녀들을 사랑하기 때문에 우리 부부는 마트에서 수박을 바로 주지 않고 기다리라 했고, 칼을 주는 것을 거절했다.

지상의 부모보다 신자에게 무엇이 언제 필요한지 정확히 아시는 하나님은 신자에게 필요한 것들만 가장 정확한 때에 주신다. 그래서 신자는 자신의 헤아림으로 필요 순위를 정하여 하나님께 강요하며 중언부언의 기도를 하면 안 된다. 그 이전에 하나님은 자신을 자녀로 사랑하시는 분임을 명심해야 하고, 그 사랑의 하나님께서 자신에게 가장 필요한 것을 제 때에 주심을 믿어야 한다. 그래야 기도가 즐겁고 기쁜 시간이 되고 응답을 넉넉하게 기다리지, 안 그러면 자신의 필요를 주시지 않을까 봐 중언부언하며 하나님께 강요하기 쉽다. 응답이 없으면 하나님의 존재를 의심하고, 다른 강력한 응답받는 기도방법이 있는지 방법론을 찾게 된다. 기도 응답을 받았다고 하는 이들의 경험담에 귀가 솔깃해지고, 기도 응답을 받게 해준다는 이들을 찾아다니게 된다.

예수님은 항상 기도하고 낙심하지 말 것을 강조하신다. 하나님은 그 밤낮 부르짖는 택하신 자들의 원한을 반드시 풀어 주신다. 절대로 오래 참지 않으시고, 속히 그 원한을 풀어 주신다. 오히려 문제는 그런 하나님을 강하게 믿지 못하는 신자들에게 있다. 예수님은 세상에서 그런 믿음을 보겠느냐고 반문하신다. 우리는 신실하시고 사랑이 풍성하신 하나님을 믿고 낙심하지 말고 늘 기도해야 한다. 우리의 힘으로 할 수 있는 일이 없을 때 더욱 기도해야 한다. 하나님만 하실 수 있음을 믿고 더욱 기도해야 한다.

필요한 것이 더하여지는 기도

공중의 새를 보라. 심지도 않고 거두지도 않고 창고에 모아들이지도 아니하되 너희 하늘 아버지께서 기르시나니 너희는 이것들보다 귀하지 아니하냐. 너희 중에 누가 염려함으로 그 키를 한 자라도 더할 수 있겠느냐. 또 너희가 어찌 의복을 위하여 염려하느냐. 들의 백합화가 어떻게 자라는가 생각하여 보라. 수고도 아니하고 길쌈도 아니하느니라. 그러나 내가 너희에게 말하노니 솔로몬의 모든 영광으로도 입은 것이 이 꽃 하나만 같지 못하였느니라. 오늘 있다가 내일 아궁이에 던져지는 들풀도 하나님이 이렇게 입히시거든 하물며 너희일까보냐 믿음이 작은 자들아. 그러므로 염려하여 이르기를 무엇을 먹을까 무엇을 마실까 무엇을 입을까 하지 말라. 이는 다 이방인들이 구하는 것이라. 너희 하늘 아버지께서 이 모든 것이 너희에게 있어야 할 줄을 아시느니라. 그런즉 너희는 먼저 그의 나라와 그의 의를 구하라. 그리하면 이 모든 것을 너희에게 더하시리라. 그러므로 내일 일을 위하여 염려하지 말라. 내일 일은 내일이 염려할 것이요 한 날의 괴로움은 그 날로 족하니라(마 6:26-34).

예수님은 무엇을 먹고 마시고 입을지 염려하지 말고 구하지 말라고 하신다. 심지도 않고 거두지도 않고 창고에 모아들이지도 않는 공중의 새를 하늘 아버지께서 기르시고, 수고도 아니하고 길쌈도 아니하는 들의 백합화를 하나님께서 기르신다. 하물며 하나님께서 자녀 된 신자들을 더욱 기르시고 더욱 입히시지 않겠는가? 사람은 아무리 염려해도 그 키를 한 자라도 더할 수 없다. 통제할 수 없는 내일 일을 미리 오늘 염려할 필요가 없다. 피조물은 자신이 염려해야 할 일만 오늘 염려하면 된다. 나머지는 내일 일도 통제하시는 하나님께 맡기면 된다. 신자는 이것을 믿고, 무엇을 먹고 마시고 입을지를 구하는 대신에 먼저 하나님의 나라와 의를 구해야 한다. 하나님의 형상대로 지음을 받고 그 상태로 회복된 신자는 하나님의 사랑과 말씀에 근거하여 생각하고 판단하고 행동하도록 기도해야 한다. 그러면 하나님께서 신자에게 필요한 바를 더하신다.

창조자와 섭리자이신 하나님은 무엇이 신자에게 필요한지를 구하기 전에 아시고, 어떻게 공급하는 것이 가장 적절한 방법과 때인지를 아신다. 그러므로 구하지 않은 것까지 응답받는 기도는 자신의 필요를 상세히 반복하여 하나님께 아뢰는 것이 아니라, 먼저 하나님의 나라와 의를 구하는 것이다. 하나님의 존재와 능력과 일하심을 전적으로 믿고, 먼저 그의 나라와 그의 의를 구하는 것이다. 참된 기도는 얼마나 기도하는 시간이 많으냐에 달려 있지 않고, 얼마나 하나님을 올바로 알고 믿느냐에 달려 있다. 하나님이 신자를 자녀로 얼마나 사랑하시고, 신자의 기도에 응답하시기를 얼마나 바라시는지를 아는 것에 달려 있다. 기도는 하나

님과 신자의 관계가 아버지와 자녀의 관계임을 아는 데 달려 있고, 그 하나님께서 신자에게 응답하시지 못해 안달이 나있음을 아는 데 달려 있고, 먼저 하나님의 말씀대로 삶을 꾸려나감으로 하나님의 나라와 의를 구하는 데에 달려 있다.

자녀는 부모에게 자신의 힘든 것과 기쁜 것을 다 나누며 위로받고 격려 받는다. 부모는 할 수 있는 능력 내에서 자녀에게 모든 것을 해주려고 한다. 하나님은 지상의 부모보다 신자들을 더 사랑하시고, 결정적으로 그 능력이 무한하시다. 이런 하나님에게 우리가 아뢸 수 없는 것이 있을까? 없다. 하나님은 너무 작아서 모르시는 것도 없고, 너무 커서 해결하시지 못하는 것도 없다. 우리에게 있는 어려움 모두를 해결하실 수 있다. 우리는 우리에게 필요한 것들을 하나님께 구해야 한다. 그리고 더 크게는 하나님의 나라와 의를 구해야 한다. 그러면 하나님은 우리에게 필요한 바를 모두 더해 주신다. 그렇게 될 때까지 우리는 낙심하지 말고 늘 기도해야 한다. 현재 응답이 없다고 실망하지 말고, 믿음으로 미래의 응답을 믿고서 꾸준히 기도해야 한다.

> ¹ 여호와는 나의 빛이요 나의 구원이시니 내가 누구를 두려워하리요 여호와는 내 생명의 능력이시니 내가 누구를 무서워하리요 ² 악인들이 내 살을 먹으려고 내게로 왔으나 나의 대적들, 나의 원수들인 그들은 실족하여 넘어졌도다 ³ 군대가 나를 대적하여 진 칠지라도 내 마음이 두렵지 아니하며 전쟁이 일어나 나를 치려 할지라도 나는 여전히 태연하리로다 ⁴ 내가 여호와께 바라는 한 가지 일 그것을 구하리니 곧 내가 내 평생에 여호와의 집에 살면서 여호와의 아름다움을 바라보며 그의 성전에서 사모하는 그것이라 ⁵ 여호와께서 환난 날에 나를 그의 초막 속에 비밀히 지키시고 그의 장막 은밀한 곳에 나를 숨기시며 높은 바위 위에 두시리로다 ⁶ 이제 내 머리가 나를 둘러싼 내 원수 위에 들리리니 내가 그의 장막에서 즐거운 제사를 드리겠고 노래하며 여호와를 찬송하리로다(시 27:1-6).

다윗은 시편 27편에서 여호와께서 자신의 빛과 구원과 생명의 능력이시니 누구를 두려워하겠냐고 말한다. 다윗을 해치려는 악인들과 대적들과 원수들은 모두 실족하여 넘어졌다. 다윗은 군대와 전쟁이 자신을 칠지라도 두렵지 않고 태연하다. 다윗은 여호와께 바라는 한 가지가 있으니 그것은 자신의 평생에 여호와의 집에 살면서 여호와의 아름다움을 바라보며 그의 성전에서 사모하는 것이다. 여호와는 환난 날에 그의 초막과 장막에 다윗을 비밀히 지키신다. 그런 여호와께 그의 장막에서 즐거운 제사를 드리고 노래하며 여호와를 찬송하겠다고 다윗은 말한다.

　이보다 더 고결한 기도가 있을까? 우리는 구원을 받았음에도 남아 있는 죄의 잔재를 인해 여전히 부패한 생각을 하고 자기중심적 사고를 하지만, 우리 안에 내주하시며 말할 수 없는 탄식으로 기도하시는 성령께서 우리로 하나님이 기뻐하시는 기도를 하도록 만들어 가신다. 삼위일체 하나님은 우리로 기도하게 하시며 우리에게 응답하시고, 이런 일련의 과정을 통해 우리를 성숙하게 만들어 가신다. 마치 육신의 부모가 자녀를 어르고 달래며 성숙한 청년으로 만들어 가듯, 하나님은 더 지혜롭고 완벽하게 신자들을 하나님의 성숙한 자녀로 만들어 가신다. 신자들의 기도의 기원과 목적은 철저히 삼위일체 하나님께 있다.

토론문제

1. 나태주의 「기도」를 낭독해봅시다. 여러분은 언제 어떤 상황에서 어떻게 기도하고 있는지 나누어봅시다.

2. 불교와 샤머니즘에도 기도가 있다는 사실을 알고 있습니까? 여러분이 경험한 타종교의 기도에 대해 나누어봅시다.

3. 마태복음 6:5-9과 열왕기상 18:26-28을 읽고 이방인의 기도 특징이 무엇인지 말해봅시다. 열왕기상 18:36-37을 읽고 그리스도인의 기도 특징은 무엇인지 말해봅시다.

4. 누가복음 11:5-13을 읽고 왜 신자는 하나님께 구해야 하고, 찾아야 하고, 문을 두드려야 하는지 말해봅시다. 누가복음 18:1-8을 읽고 왜 신자는 항상 기도하고 낙심하지 말아야 하는지 말해봅시다.

5. 기도 응답에는 "아니오"와 "기다림"도 있는데, 어떤 경우에 하나님께서 이렇게 응답하십니까? 여러분이 하나님으로부터 "아니오"와 "기다림"의 기도 응답을 받아 오히려 큰 유익이 된 경험이 있다면 나누어봅시다.

6. 마태복음 6:26-34을 읽고 필요한 것이 더하여지는 기도는 무엇인지 나누어봅시다.

7. 시편 27:1-6을 낭독해봅시다. 우리도 다윗과 같은 기도를 하기 위해 어떤 노력을 해야 할까요? 우리는 남아있는 죄의 잔재로 말미암아 여전히 자기중심적 기도를 하는데, 이러한 우리의 기도를 하나님께서 기뻐하시는 기도로 누가 만들어가십니까?

제11장

죽음과 종말

존재의 끝

초혼
_ 김소월

산산이 부서진 이름이여!
허공 중에 헤어진 이름이여!
불러도 주인 없는 이름이여!
부르다가 내가 죽을 이름이여!

심중에 남아 있는 말 한마디는
끝끝내 마저 하지 못하였구나.
사랑하던 그 사람이여!
사랑하던 그 사람이여!

붉은 해는 서산 마루에 걸리었다.
사슴의 무리도 슬피 운다.
떨어져 나가 앉은 산 위에서
나는 그대의 이름을 부르노라

설움에 겹도록 부르노라
설움에 겹도록 부르노라
부르는 소리는 비껴가지만
하늘과 땅 사이가 너무 넓구나

선 채로 이 자리에 돌이 되어도
부르다가 내가 죽을 이름이여
사랑하던 그 사람이여!
사랑하던 그 사람이여!

사람이 죽었을 때 떠나간 영혼을 부르는 초혼 의식은 사람이 사는 곳이라면 다양한 형태로 존재한다. 우리나라는 지붕에 올라서거나 마당에서 왼손으로 죽은 자의 옷깃을 잡고, 오른손으로 허리를 잡고 북쪽을 향해 흔들면서 이름을 부른다. 죽은 자와 헤어지기 싫어 어떻게든 이 땅에 머물게 하고 싶어, 그가 생시에 입던 저고리를 들고 높은 지붕 위로 올라가 간절히 이름을 부른다. 그런다고 떠나간 영혼이 돌아오겠느냐마는, 그렇게라도 하지 않으면 더 이상 볼 수 없는 단절 앞에서 아무 희망도 없기에 그런 탈출구와 믿을 거리를 만드는 것이리라! 나는 30년 전에 20대 초반의 아들을 갑작스런 사고로 보낸 50대 후반의 아비가 그런 초혼 의식 후에 그 옷을 지붕에서 내려 불에 태우며 하염없이 우는 장면을 본 적이 있었다. 그분은 몇 걸음 걷다 쓰러져 다시 울기를 반복했다.

불러도 불러도 대답 없는 이가 죽은 자다. 죽은 자는 듣지도 말하지도 못한다. 죽은 자의 이름은 산산이 부서지고, 허공중에 헤어지기에, 불러도 주인 없고, 부르다가 부르는 자가 죽을 이름이 되고 만다. 죽음처럼 쓸쓸하고 적막한 이별도 없다. 서산 마루에 걸린 해 마저도 슬프고, 사슴 무리의 울음도 슬프다. 슬퍼함도 죽은 이에게 전달되지 않기에 죽음보다 더 심한 단절이 없다.

90세로 아버지가 병실에서 돌아가셨다. 의사는 손전등으로 아버지의 눈을 비추어 반응이 있는지 살폈다. 그 외 몇 가지 검사를 한 후 아버지가 의학적으로 사망했다고 판정했다. 얼마 지나지 않아 병원 장례실 직원이 올라왔다. 그가 첫 번째로 한 일은 아버지가 덮던 침대의 하얀 시트를 아버지 머리까지 올려 덮은 것이다. 죽은 자는 더 이상 숨을 쉬지 않기 때문에 이불로 그렇게 얼굴까지 덮어도 되는 것이다. 나는 그때 아버지가 정말로 돌아가셨음을 강하게 느꼈다. 직원은 아버지를 시체 안치실로 보냈다. 그곳은 냉장고보다 더 낮은 온도로 부패를 방지한다. 죽은 자는 이렇게 산 자와 이별한다. 산 자는 따스하고 밝은 곳에 거주하고, 죽은 자는 차고 어두운 곳에 보관된다. 그렇게 해도 시신은 차가움도 어두움도 못 느끼는 그저 하나의 물건이 되어버린다. 그 마저도 며칠 후 땅에 묻히면 부패가 시작되고, 화장실로 옮기면 뜨거운 불에 모두 태워진다.

산 자와 죽은 자는 이렇게 극명하게 거주하는 곳이 다를진데, 어찌 죽은 자의 영혼이 저고리의 옷깃을 왼손으로 잡고 부른다고 하여 오겠는가? 그렇게 영혼을 부를 수만 있다면 죽은 자의 영과 육은 분리되지도 않았을 터이다. 죽은 자인들 이곳을 떠나고 싶었겠는가? 특히 갑작스런 사고로 젊은 사람들이 죽을 때 죽음의 아픔은 더욱 크다. 결혼을 며칠 앞둔 젊은 사람이 죽을 때, 꿈과 기쁨으로 가득 찬 초등학교 신입생이 죽을 때 죽음의 위력과 단절에 사람들은 무력해진다. 더 이상 대화할 수 없고 만질 수 없고 볼 수 없음을 처절하게 확인할 때 죽음이 얼마나 큰 존재인가를 느끼게 된다.

모든 행위와 존재를 부질없게 하는 것이 죽음이다. 죽음 앞에 무엇이 의미가 있는가? 자신의 후손이 잘 살면 된다고 하지만, 자신이 죽었는데 후손이 무슨 의미가 있는가? 어느날 지구와 태양계가 폭발로 인류 전체에 종말이 온다면 그 무엇이 의미가 있는가? 이 땅의 팔구십 인생이 우리의 생의 전부라면 옳고 그름, 아름다움과 추함 등의 기준이 바뀌어야 한다. 내일 지구의 종말이 올 때 한 그루의 사과나무를 심는 게 정말 옳고 질서 있는 일인지 숙고해야 한다. 모든 사람이 죽기에 죽음이 일상화되고 보편화되었지만, 실은 왜 죽음이 발생하는지, 어떻게 죽음을 극복할 수 있는지 깊이 생각해야 한다. 죽음을 절대로 낭만적으로 대해서는 안 되고, 그 어떤 대상보다 냉철하고 합리적으로 사실이 무엇인지 살피고 대처해야 한다.

죽음의 원인은 무엇인가

사람은 왜 죽을까? 2018년에 우리나라에서 총 29만 8820명이 죽었다. 사망 원인의 1위는 암으로 79,153명, 2위는 심장질환으로 32,004명, 3위는 폐렴으로 23,280명, 4위는 뇌혈관질환으로 22,940명이고, 5위는 고의적 자해(자살)로 13,670명이다. 병이 아닌 사고로도 사망이 발생하는데, 교통사고로 총 3,781명이 죽어 11위의 사망 원인을 기록했다.

2020년에 신종 코로나 바이러스 감염으로 온 세계가 공포에 떨었는데, 페스트, 콜레라, 티푸스, 천연두 등의 전염병은 그간 수억 명의 사람들을 죽이며 세계 역사의 흐름을 바꾸곤 했다. 기근과 흉작과 전쟁도 죽음의 큰 원인이다. 아프리카는 지금도 매년 많은 사람들이 기근으로 굶어 죽는다. 제1차 및 제2차 세계대전으로 각각 854만 명과 2,200만 명이 죽었다. 그 이후로도 세계는 한국 전쟁과 중동 전쟁을 비롯해 끊임없는 전쟁으로 많은 사람들이 죽어왔다. 2001년 9월 11일에 발생한 테러로 뉴욕의 110층짜리 세계무역센터(WTC) 쌍둥이 빌딩이 붕괴되었고 약 2,996명이 죽었다.

이렇게 사망 원인들은 다양하다. 왜 사람들은 이렇게 다양한 원인들로 죽을까? 성경은 이에 대해 분명하게 아담과 하와의 죄에 있다고 말한다. 이미 제5장에서 살펴본 것처럼 아담과 하와는 하나님께서 금하신 선악을 알게 하는 나무의 열매를 따먹었다. 하나님은 그것을 따먹으면 반드시 죽는다고 했는데, 그들은 하나님처럼 되고 싶어 따먹었고 그 결과 죽음이 발생했다. 하나님은 그들의 죄에 대해 다양한 죄값을 부여하셨다. 아내는 남편에게 끊임없이 무언가를 요구하고, 남편은 그런 여자를 다스리려 하여, 부부는 서로 싸우는 벌이 부과되었다. 가장 가까운 관계인 부부가 이런 정도이니 다른 관계들은 더 심하여 싸움과 전쟁으로 이어진다. 땅은 저주를 받아 가시덤불과 엉겅퀴를 내고, 사람은 평생에 수고해야 그 소산을 먹게 되었다. 한정된 소산물을 서로 많이 차지하려는 갈등과 싸움과 전쟁이 끊임없이 벌어지는 것이다. 사람은 흙으로 돌아갈 때까지 평생 얼굴에 땀을 흘려야 먹을 것을 먹게 되었고, 끝내 흙으로 돌아가게 되었다.

아담과 하와가 하나님을 거역하며 지은 죄가 사망의 유일한 근본 원인이다. 앞에서 나열한 질환과 각종 사고와 아사와 전쟁과 같은 원인들은 근본 원인이 나타난 현상들이다. 죄라는 근본 문제를 해결하지 않고, 다양한 사망 원인들을 해결하는 것은 대증요법에 지나지 않는다. 한두 가지를 해결하고 나면 다른 원인들이 또 나타난다. 죄라는 근본 원인을 해결하지 않으면 죽음의 문제는 영원히 해결되지 않는다. 지금까지 인류의 역사를 보아라! 죽지 않은 자가 있는가? 아무도 없다. 모든 사람들이 죽는다. 이것보다 더 확실한 사실도 없다.

죽음의 해결

그렇다면 죽음의 근본 원인을 해결하는 방법은 무엇인가? 사람에게는 방법이 없다. 오직 하나님으로서 사람이 되신 예수 그리스도만 해결하실 수 있다. 사람들의 죄를 대신 짊어지고 십자가에서 그들 대신에 죽으신 예수 그리스도는 사람들의 죄값을 해결하셨다.

그리스도는 죽으신 것으로 끝내시지 않고, 죽음의 권세를 뚫고 살아나시기까지 하셨다. 부활하셨다. 예수 그리스도의 부활로 인해 예수 그리스도와 연합한 신자들에게도 부활이 있다. 예수님은 신자들의 안 좋은 것들을 대신하여 짊어지셨고, 그리스도가 획득한 좋은 것들은 모두 신자들의 것이 되었다. 예수님은 신자들의 비참함과 죽음을 짊어지고 십자가에서 죽으셨고, 신자들의 부활과 영생을 위하여 죽음의 권세를 깨뜨리시고 부활하셨다.

그리스도의 부활이 없다면 우리의 믿음도 헛것이고, 기독교는 거짓이다. 우리가 신앙생활 하는 이유가 단지 이 땅에서 살아있는 동안 잘 먹고 잘 사는 것이라면 모든 사람들 가운데서 우리가 가장 불쌍한 자이다(고전 15:19). 부활이 없는 삶은 허무 그 자체이다. 부활이 없는 지혜자의 죽음은 우매자의 죽음과 같고(전 2:16), 짐승보다 뛰어난 것이 없다(전 3:19).

예수 그리스도의 부활로 인해 신자들에게 부활과 영생이 있다. 그리스도께서 죽은 자 가운데서 부활하시어 죽은 자들의 첫 열매가 되셨다. 사망이 한 사람 아담으로부터 말미암은 것처럼, 죽은 자의 부활도 한 사람 예수님으로 말미암는다. 아담 안에서 모든 사람이 죽은 것 같이 그리스도 안에서 모든 사람이 삶을 얻는다(고전 15:20-22). 그리스도는 모든 원수를 발아래에 두시며 왕 노릇 하시고, 맨 나중에 멸망시킬 원수는 사망이다(고전 15:25-26). 그리스도는 사망 자체를 없애버리시는 것이다.

사망은 절대로 추상명사가 아니다. 사람들 눈에 보이지 않을 뿐이지 공기와 중력처럼 존재하여 매순간 모든 사람에게 영향을 미친다. 시계 바늘이 째깍째깍 돌아갈 때마다 사람의 수명이 짧아지는 것은 하늘에 뜬 태양빛이 땅위의 수분을 증발시키듯, 모든 곳에 영향을 미치는 사망이 매순간 사람의 수명을 갉아먹기 때문이다. 예수 그리스도는 모든 원수를 발아래 정복하신 후에 마지막으로 이 사망을 멸망시키신다. 예수 그리스도는 죽음을 통해 죽음의 세력을 잡은 마귀를 멸하심으로 죽음 자체를 멸망시키신다(히 2:14).

부활과 영생만이 사람들의 허무와 무의미를 없앤다. 죽음으로 끝나는 인생은 헛되고 헛되다. 생로병사라는 틀을 깨지 못하는 인생은 헛되다. 이미 있던 것이 후에 다시 있고, 이미 한 일을 후에 다시 하고, 해 아래 새 것이 없는 인생은 헛되고 헛되며 헛되고 헛되다. 부활과 영생과 새 것이 없는 인생은 바람을 잡으려는 헛된 시도에 지나지 않는다(전 1:9, 17).

예수 그리스도의 부활을 인해 신자들에게도 부활이 있다. 그 부활은 썩을 것으로 심고 썩지 아니할 것으로 다시 살아나는 것이고, 욕된 것으로 심고 영광스러운 것으로 다시 살아나는 것이고, 약한 것으로 심고 강한 것으로 다시 살아나는 것이고, 육의 몸으로 심고 신령한 몸으로 다시 살아나는 것이다. 육의 몸이 있은즉 영의 몸도 있다(고전 15:42-44). 부활된 영의 몸을 생각해봐라. 썩지 않고, 영광스럽고, 강하고, 신령한 몸을 생각해봐라. 우리의 상상 그 이상이다. 사람들의 몸은 모두 한두 곳이 안 좋다. 그것들이 모두 최상의 것으로 바뀌는 것이 부활이다. 모든 사람들이 자신의 개성을 지닌 채 가장 아름답고 튼튼하고 뛰어난 몸이 되는 것이 부활이다. 사도 바울은 이것을 알았기 때문에 이 땅에서 오래 살기보다 빨리 죽기를 원했다(빌 1:23).

우리 가족과 같이 살던 어머니는 85세로 돌아가셨다. 더운 8월 어느 날 오후에, 어머니는 갑자기 머리가 빠개질 듯 아프시다며 우리를 부르셨다. 놀란 아내와 나는 어머니가 계신 방으로 달려갔다. 어머니는 아픈 머리를 두 손으로 움켜잡으시며 고통스러워 하셨다. 그리고 잠시 후 고개를 푹 떨구셨다. 뇌혈관이 터지며 의식을 잃으신 것이다. 응급차를 타고 병원에 도착했지만 계속 의식을 잃은 채 중환자실에서 열흘 간 계시다 돌아가셨다. 나는 결혼 후에도 부모님과 계속 같이 살았다. 어머니는 아버지가 돌아가신 후에도 8년을 더 사시며 다섯 손자를 정성스럽게 키워주셨다. 우리 부부가 다섯 자녀를 기를 수 있었던 것은 정성스럽게 키워주신 부모님이 계셨기 때문이다.

다섯 손자는 할머니가 돌아가신 것에 큰 충격을 받았다. 내내 같이 살던 할머니가 어느날 갑자기 쓰러져 의식을 잃고 중환자실에 계시다 열흘 후에는 죽어버리시니 큰 충격을 받았다. 손자들은 중환자실에 면회 가서도 울었고, 장사 지내는 사흘 동안 손님들을 받으면서도 줄곧 울었다. 그들은 온 몸으로 죽음이 얼마나 무섭고 냉정한 단절인가를 깨달았다. 그들은 자연스럽게 부활의 필요성도 느꼈다. 손자들 다섯 명은 할머니의 죽음을 통해 부활 신앙의 필요성과 가치를 온몸으로 깨달으며 믿음이 좋아졌다.

나의 슬픔이야 말해 무엇 하겠는가! 하나밖에 없는 아들이라고 애지중지하며 키우신 어머니이셨다. 나를 정말 사랑하심을 인생 내내 느꼈다. 나는 내 자식들을 내 어머니처럼 사랑하지 못한다. 왜 우리 부모님 세대들은 그렇게 자식들을 사랑하시는지 모르겠다. 목사인지라 죽음을 자주 경험하고 장례식도 자주 집례했건만 내 어머니가 죽으시자 그 이별의 슬픔과 충격은 너무 컸다. 한 동안 어머니의 부재로 인해 정서적으로 힘들었다. 어머니가 계시던 방을 볼 때마다, 어머니 사진을 볼 때마다, 어머니가 거니시던 산책길과 공원에서 동네 할머니들과 담소를 나누시던 벤치를 볼 때마다 어머니 생각에 마음이 미어졌다. 기쁜 일이 있어도, 특히 서러운 일을 당하노라면 어머니 생각이 간절했다. 그러노라면 어머니께서 나를 혹 내려보실까 하여 눈을 들어 하늘을 쳐다보았다.

죽은 자의 영혼과 육신

예수님은 죽으시기 전날 밤에 제자들과 함께 겟세마네 동산에서 기도하셨다. 예수님은 "내 마음이 매우 고민하여 죽게 되었으니 너희는 여기

머물러 나와 함께 깨어 있으라"(마 26:38)고 말씀하셨다. 죽음을 앞두신 예수님의 마음은 고민으로 이미 죽을 지경이셨다. 예수님은 얼굴을 땅에 대시고 엎드려 "내 아버지여 만일 할 만하시거든 이 잔을 내게서 지나가게 하옵소서 그러나 나의 원대로 마시옵고 아버지의 원대로 하옵소서!"(마 26:39)라고 기도하셨다. 고난과 죽음의 잔을 피하실 수만 있다면 피하고 싶을 정도로 힘든 잔이었던 것이다. 두 번째로 "내 아버지여 만일 내가 마시지 않고는 이 잔이 내게서 지나갈 수 없거든 아버지의 원대로 되기를 원하나이다"라고(마 26:42) 기도하셨다. 예수님은 기도하시며 자신의 뜻이 아니라 하나님의 뜻에 맞추셨다. 세 번째도 같은 말씀으로 기도하셨다.

제자들과 함께 이렇게 기도를 마치시자, 제자 가룟 유다가 칼과 몽치를 가진 큰 무리와 함께 예수님을 잡으러 왔다. 처음엔 그들에게 항거하던 제자들이 어느새 다 예수님을 버리고 도망가 버렸다. 잡으러 온 이들은 예수님을 대제사장에게로 끌고 가 취조하며 사형을 언도했고, 예수님의 얼굴에 침을 뱉으며 주먹으로 치고 손바닥으로 때렸다. 예수님을 따라왔던 베드로는 닭이 울기 전에 세 번이나 예수님을 모른다며 부인했다.

다음날 예수님은 사법권을 가진 로마 총독 빌라도에게 넘겨졌다. 빌라도는 유대인들의 압력에 굴복되어 강도 바라바를 풀어 주고 예수님을 채찍질하고 십자가에 못 박히게 넘겨주었다. 총독의 군병들은 예수님의 옷을 벗기고 홍포를 입히며 가시관을 엮어 그 머리에 씌우고 갈대를 그 오른손에 들리고 그 앞에서 무릎을 꿇고 "유대인의 왕이여 평안할지어다"라고 희롱했다. 그분에게 침 뱉고 갈대를 빼앗아 그분의 머리를 쳤다. 그 후 골고다 언덕으로 끌고나가 십자가에 못 박고, 그 옷을 제비 뽑아 나누었다.

지나가는 자들도 십자가에 못 박힌 예수님을 보며 "네가 만일 하나님의 아들이어든 자기를 구원하고 십자가에서 내려오라"(마 27:41)고 희롱했다. 대제사장들과 서기관들과 장로들도 "그가 남은 구원하였으되 자기는 구원할 수 없도다. 그가 이스라엘의 왕이로다. 지금 십자가에서 내려올지어다. 그리하면 우리가 믿겠노라"라고(마 27:42) 희롱했다. 예수님은 철저하게 구원자이심이 부인되었고 희롱되었다. 우리 같으면 십자가에서 내려와 희롱하는 그들을 응징하고 다시 십자가에 못 박히겠건만 예수님은 그 모든 희롱을 감당하셨다.

정오가 되자 온 땅에 어둠이 임하여 세 시간여 지속되었다. 예수님은 "나의 하나님, 나의 하나님, 어찌하여 나를 버리셨나이까"라고(마 27:46) 크게 소리 지르셨다. 예수님이 십자가에서 당하신 모독과 고통은 이렇게 크셨다. 예수님은 다시 크게 소리 지르고 영혼이 떠나시었다.

저물었을 때에 아리마대의 부자 요셉이 빌라도에게 가서 예수의 시체를 내어받았다. 그는 시체를 가져다가 깨끗한 세마포로 싸서 바위 속에 판 자기 새 무덤에 넣어 두고 큰 돌을 굴려 무덤 문에 놓고 갔다. 대제사장들과 바리새인들은 경비병과 함께 돌을 인봉하고 무덤을 굳게 지켰다. 그렇게 금요일 저녁과 토요일과 일요일 아침 사흘 동안 예수님은 무덤에서 시체로 있었다. 사흘 동안 죽음에 갇혀 지옥과 같은 고통을 맛보신 것이다.

일요일 새벽에 막달라 마리아와 다른 마리아가 무덤을 보려고 갔는데 이미 예수님은 다시 살아나셨다. 예수님은 그들에게 나타나시어 평안의 안부를 물으셨고, 여자들은 그 발을 붙잡고 경배했다. 예수님은 죽음의 권세를 깨뜨리시고 부활하신 것이다. 예수님은 죽음의 공포와 세력을 모두 깨뜨리신 것이다. 이로써 죽기를 무서워하므로 한평생 매여 종노릇 하는 모든 자들을 놓아 주시게 된 것이다(히 2:15).

사람들은 죽기를 두려워한다. 심지어 신자들도 일부 두려워한다. 죽으면 이 땅의 좋은 것들을 더 누리지 못하고, 사랑하는 사람들과 영원히 헤어지는 것으로 여긴다. 분명 죽으면 더 이상 이 땅의 사람들과 얼굴과 살을 맞대며 교제하지 못하는 것은 확실하다. 하지만 그것은 잠시뿐이다. 이 땅의 사람들도 모두 때가 되면 죽는다. 이 땅에서 영원한 교제란 없다. 이 땅에 좋은 것들이 많다고 하지만 그보다 비참한 것들은 더 많다. 갈등과 싸움과 차별과 분파와 전쟁과 각종 사고와 기근과 전염병과 늙음과 병과 치매를 생각해보아라. 죽음은 이 모든 것들로부터 벗어나는 자유를 의미하고, 이보다 더 좋은 것들을 누리는 자유를 의미한다.

사람이 죽으면 그 즉시 영혼은 완전히 거룩하게 되어(히 12:23) 영광 속으로 들어간다. 육신이란 장막 집이 무너지면 그의 영혼을 하늘에 있는 영원한 집에서 받아들인다(고후 5:1). 바울은 이 땅에 사는 동안 몸을 떠나 주와 함께 있기를 소망했다(고후 5:8, 빌 1:23). 자신의 영혼이 하늘의 영원한 집에서 주와 함께 있음을 알기 때문이었다. 예수님과 같이 십자가에 못 박힌 행악자가 예수님에 대해 "예수여 당신의 나라에 임하실 때에 나를 기억하소서"라고 신앙을 고백했을 때 예수님은 그가 그날에 자신과 함께 낙원에 있을 것이라고(눅 23:43) 말씀하셨다. 사람은 죽는다고 끝이 아니다. 죽는 것은 몸일 뿐이고, 영혼은 여전히 살아서 신자의 경우에는 완전히 거룩하게 되어 즉시 하나님의 나라에 들어간다.

죽음 이후에는 절대로 어떠한 고통도 없다. 죽기까지가 힘든 것이지, 죽은 이후부터는 탄탄대로이고 영광의 길이다. 숨을 거두는 순간까지가 힘들지 그 이후에는 빛과 영광의 길이 이어진다. 왜냐하면 예수 그리스도께서 죽으신 이후 사흘 동안 죽음 속에서 지옥과 같은 고통을 사람들을 대신하여 모두 맛보셨기 때문이다. 신자들이 죽음 이후에 당할 고통을 모두 당하신 것이다. 예수 그리스도가 당하신 모멸과 고난과 고통은 신자들을 대신하신 것이기에, 신자들은 더 이상 겪지 않는다.

몸도 물리적으로 죽기는 하지만, 그렇다고 하여 그 존재가 완전히 없어지는 것이 아니다. 고통 속에 있는 육신이 죽음과 함께 그 고통에서 벗어나 여전히 그리스도와 연합하여(살전 4:14) 쉬는 것이다(사 57:2). 예수 그리스도는 우리와 연합한 상태를 한 번도 깨시지 않는다. 예수 그리스도는 2천 년 전에 마리아를 통해 사람이 되시며 신성으로서 인성을 취하신 이후 그 육신을 가지신 인성을 한 번도 버리시지 않았다. 이 땅에서 33년 사시는 동안 육신을 갖춘 사람으로서 사셨고, 죽을 때도 육신으로 죽으셨고, 부활하실 때도 육신을 취하신 채 부활하셨고, 승천하실 때도 육신까지도 승천하시어 하나님 우편에 앉아 계신다. 예수 그리스도께서 한 번 취하신 육신과 영혼의 인성을 한 번도 버리시지 않았다는 것은 그 인성의 육신과 영혼이 때가 되면 신성에 걸맞게 영화로워진다는 것이다. 그리고 실제로 그 일이 예수 그리스도의 부활과 승천 때 이루어졌다.

신자들은 그리스도와 연합한 이들이지 않는가? 그리스도의 인성이 영화로워진다는 것은 그리스도와 연합한 신자들도 때가 되면 영화로워 진다는 것이다. 그 영화로움이 영혼의 경우에는 이 땅의 장막을 벗을 때 이루어지고, 육신의 경우에는 예수 그리스도께서 이 땅에 재림하실 때 이루어진다. 신자가 죽을 때에 영혼은 완전히 거룩하게 되어 영광 속으로 즉시 들어가고, 그 육신은 여전히 그리스도와 연합한 채 무덤에서 쉬는데, 예수 그리스도의 재림 때 무덤에서 쉬던 육신이 영화로워지는 것이다. 앞에서 살펴본 것처럼 썩을 것으로 심고 썩지 아니할 것으로, 욕된 것으로 심고 영광스러운 것으로, 약한 것으로 심고 강한 것으로, 육의 몸으로 심고 신령한 몸으로 부활한다. 육의 몸이 있는 것처럼 영의 몸도 있는 것이다(고전 15:42-44).

우리 주변에 생각하기만 해도 기분이 좋아지는 착한 이들이 많다. 부모와 자녀들만 생각해도 사랑스럽고 그립다! 죽음으로 이들과 헤어지는 일은 슬프지만, 죽음은 이것으로 끝나지 않고, 부활로 이어진다. 육신까지 영화로워지는 부활 때야말로 영화로운 몸과 영혼으로 그립고 사랑스러운 사람들과 완벽한 교제를 할 수 있으니 참으로 좋지 않은가? 바울은 이것을 절대 확신하기 때문에 이 땅에서 빨리 죽어 하나님 나라로 가기를 원했던 것이다.

신자는 죽음을 두려워하면 안 된다. 언제든 죽을 준비가 되어 있어야 한다. 죽음은 끝이 아니라 더 좋은 세상으로 가는 길이다. 신자들이 이 땅에 머무는 것은 하나님께서 주신 소질과 사명을 기쁨과 거룩한 부담감으로 수행하기 위해서이다. 바울은 죽어서 하나님께로 가고 싶었으나 자신이 살아있는 것이 빌립보를 비롯한 여러 지역에 있는 신자들에게 더 유익하기 때문에 이 땅에서의 삶을 택했다. 신자는 이 땅에서 사는 동안 누구보다 열심히 살되, 주님께서 부르시면 기꺼이 갈 수 있어야 한다. 하나님께서 중한 병과 사고로 부르실 때 더 살기 위하여 연연할 필요가 없다.

영국에서 잠시 석사 과정을 공부할 때 일부 교회들에 무덤들이 같이 있었다. 그들은 죽음을 멀리 회피해야 할 것으로 여기지 않았다. 한국은 유교와 샤머니즘의 영향으로 죽음을 기분 나쁜 것으로 여기고 멀리하고 회피한다. 죽은 자의 이름을 빨간색으로 쓴다하여 빨간색으로 이름을 쓰는 것을 터부시하고, 숫자 4가 죽을 사와 발음이 같다고 하여 많은 건물이 4층을 "F"로 표시하거나 아예 4층을 없애버린다. 그런 건물에는 3층 다음 5층이다. 죽음을 언급하면 사고가 나서 죽음이 발생한다고 죽음 자체를 언급하려고 하지 않는다.

하지만 신자는 그렇게 할 필요가 없다. 물론 신자도 사랑하는 이가 죽으면 더 이상 이 땅에서 얼굴과 삶을 맞대며 볼 수 없으므로 슬플 수밖에 없다. 하지만 신자에게는 부활의 소망이 있다. 더 좋은 하나님 나라에서 영원히 교제하는 축복과 기쁨이 있다. 죽음을 이렇게 바라보며 세상 사람과 다르게 대해야 한다. 주변에서 죽는 자를 볼 때마다 죽음의 권세가 얼마나 큰가를 다시금 직시해야 하고, 이것을 깨뜨리신 예수 그리스도의 사역과 능력과 사랑을 찬송해야 한다. 사랑하는 가족의 죽음을 가까이 하며 우리도 곧 이 땅의 장막을 벗을 줄 알고 예수 그리스도에게 집중하는 가치 있는 삶을 살아야 한다. 우리나라 교회도 교회당 주변에 신자의 무덤을 가질 필요가 있다. 주일날 교회당에서 매일 죽음을 체험하는 것이고, 부활의 소망을 갖는 것이다. 기꺼이 죽는 자가 되는 연습을 매주일 하는 것이다.

불신자도 죽을 때 그 영혼까지 죽는 것은 아니다. 이 땅에서 몸과 함께 영혼까지 죽일 수 있는 자는 아무도 없다. 오직 하나님만 몸과 영혼을 능히 지옥에 멸하실 수 있다. 불신자는 죽을 때 그 영혼이 하나님께로 가는데 영광의 하나님 나라로 인도되지 않고, 지옥에서 던져져 울며 이를 갈게 된다. 의인들은 자기 아버지 나라에서 해와 같이 빛난다(마 13:43). 하나님의 낯을 뵈오며, 자기 육신의 온전한 구속을 기다린다. 불신자에게 육신의 부활이 있지만 영광의 부활이 아니라 심판의 부활이다. 육신까지도 고통을 받는 것이다. 신자와 불신자의 삶은 이 땅에서보다 죽은 이후에 더 판명하게 갈라진다.

이러니 사망이 신자에게 할 수 있는 것이 없다. 사망의 승리는 오직 불신자에게만 존재한다. 사망은 오직 불신자만을 정확하고 예리하게 쏠 뿐이다. 그래서 불신자들은 개똥밭에 굴러도 이생이 좋다고 말한다. 하지만 신자는 우리 주 예수 그리스도로 말미암아 죽음으로부터도 승리를 얻기에 죽음에 눌리지 않는다. 바울은 "그러므로 내 사랑하는 형제들아 견실하며 흔들리지 말고 항상 주의 일에 더욱 힘쓰는 자들이 되라 이는 너희 수고가 주 안에서 헛되지 않은 줄 앎이라"(고전 15:55-58)고 말한다.

세상의 종말

죽음은 개인에게만 있지 않다. 땅과 하늘에도 있다. 저주받은 땅은 영원히 존재하지 못한다. 영원히 존재하는 것은 하나님 이외에는 없다. 예수 그리스도께서 이 땅에 다시 오는 날 새 하늘과 새 땅이 임한다. 부활한 신자들은 이곳에서 산다. 부활하여 영화로워진 신자들이 어찌 오염되고 저주된 땅과 하늘에서 살겠는가? 예수님은 승천하시어 하나님 우편에 앉아계시는데, 앉아서 노신다는 의미가 아니라, 하나님 아버지와 방불한 위치에서 신자들을 위하여 계속 일하신다는 의미다. 신자들을 위하여 중보 기도하시고, 신자들이 부활하여 거할 거처를 예비하신다. 예수님은 "내 아버지 집에 거할 곳이 많도다 그렇지 않으면 너희에게 일렀으리라 내가 너희를 위하여 거처를 예비하러 가노니 가서 너희를 위하여 거처를 예비하면 내가 다시 와서 너희를 내게로 영접하여 나 있는 곳에 너희도 있게 하리라"(요 14:2-3)라고 말씀하셨다.

예수님이 하늘에서 이 땅으로 재림하실 때 땅만이 아니라 하늘까지 흔들린다. 하늘의 진동으로 말미암아 진동할 것들이 진동하지 않는 것으로 변하며 영존하게 된다. 신자들은 그 흔들리지 않는 나라를 은혜로 받아 영생한다(히 12:26-28). 예수님의 재림으로 하늘이 진동할 때에 하늘이 불에 타서 풀어지고 물질이 뜨거운 불에 녹아지며 새 하늘과 새 땅이 임한다. 오직 점도 없고 흠도 없는 자들만 들어가는 새 하늘과 새 땅이 부활한 신자들에게 펼쳐진다. 신자들은 그들의 많은 점과 흠에도 불구하고 예수 그리스도의 대속의 피를 인해 흠과 점이 없는 자들이 되어 영생을 누린다.

요한계시록 21장은 처음 하늘과 처음 땅이 없어지고 바다도 다시 있지 않으며, 새 하늘과 새 땅이 임하고, 거룩한 성인 새 예루살렘이 하나님께로부터 하늘에서 내려온다고 말한다. 그 준비한 것이 신부가 남편을 위하여 단장한 것 같다. 하나님의 장막이 사람들과 함께 있어 하나님이 그들과 함께 계신다. 하나님은 구약에서부터 신자들에게 그들은 하나님의 백성이 되고 하나님은 그들의 아버지가 되신다고 말해오셨는데, 바로 이 때에 하나님은 친히 그들과 함께 계시어 그들의 모든 눈물을 그 눈에서 닦아 주신다. 하나님은 구약 시대에는 물리적인 성전에서만 제한적으로 백성과 계셨고, 신약 시대에는 성령께서 신자들 안에 내주하셨는데, 새 하늘 새 땅에서는 하나님이 신자들과 친히 함께 계시어 모든 눈물을 그 눈에서 닦아주신다. 다시는 사망이 없고 애통하는 것이나 곡하는 것이나 아픈 것이 다시 있지 아니한다. 처음 것들은 다 지나갔기 때문이다. 이 땅에 있던 처음 것들은 모두 지나가고 영화롭게 변한 것들만 존재하게 된다.

보좌에 앉으신 하나님은 "보라! 내가 만물을 새롭게 하노라"고 말씀하신다. 하나님만이 알파와 오메가이시고, 처음과 마지막이시기 때문에 이렇게 모든 것을 새롭게 하실 수 있다. 이 땅의 첫 창조도 하나님께 있고, 종말도 하나님께 있고, 새 하늘과 새 땅의 시작도 하나님께만 있는 것이다. 하나님은 신자의 하나님이 되시고, 신자는 하나님의 아들이 되어, 그 처음과 끝에 동참할 수 있다.

시편 기자는 이것을 알기에 쇠약해질 정도로 여호와의 궁정을 사모했다. 그는 주의 궁정에서의 한 날이 다른 곳에서의 천 날보다 나음을 알기에, 악인의 장막에 사는 것보다 하나님의 성전 문지기로 있는 것이 좋다고 고백했다(시 84:10). 그는 이미 모든 것을 새롭게 하시는 여호와의 능력과 창의성과 풍성함과 긍휼을 아는 것이다.

태초에 하나님께서 천지를 창조하실 때에 빛이 있으라 하시니 빛이 있었고, 그 빛은 하나님이 보시기에 좋았다. 하나님은 전능하시기 때문에 뜻하시어 말씀하신 모든 것이 보시기에 심히 좋게 창조되었다. 그렇다면 창조 이후의 세계는 어떠할까? 역시 하나님의 말씀대로 작동된다. 하나님의 진리 된 말씀을 벗어나 지속되는 것은 없다. 악인들이 잠시 자신들의 뜻과 능력으로 여러 일을 작동하는 것 같지만, 하나님은 선포하신 말씀대로 만사가 진행되도록 이끄신다. 창조만이 아니라 창조 이후도 하나님의 말씀대로 진행되고, 보시기에도 심히 좋게 진행된다.

사람은 하나님의 진리를 거슬러 아무것도 할 수 없다(고후 13:8). 사람이 인생을 산다는 것은 십계명으로 대표되는 하나님의 말씀이 그대로 실현됨을 배운다는 것이다. 풀은 마르고 꽃은 시드나 우리 하나님의 말씀은 영원히 선다(사 40:8). 하나님의 형상대로 지음을 받아 만물을 다스리도록 복을 받은 사람들이 하나님의 말씀을 어기고 자신들의 뜻대로 세상을 다스릴 때에, 하나님은 하나님의 말씀대로 사람들이 살고 세상을 다스리도록 하나님의 독생자를 이 땅에 보내시어 사람들의 죄값을 짊어지고 죽게 하셨다. 하나님은 독생자를 죽이시면서까지 이 세상을 사랑하셨고, 이 세상이 진리와 사랑대로 작동되도록 하셨다. 예수 그리스도는 근본 하나님의 본체시나 하나님과 동등됨을 취할 것으로 여기지 아니하시고 자기를 비워 종의 형체를 가져 사람들과 같이 되셨고, 자기를 낮추시고 죽기까지 복종하시어 십자가에 죽으셨다. 하나님의 말씀대로 이 세상이 창조되고 진행되고 회복되고 완성시키시고자 예수 그리스도는 사람이 되시어 고난을 받고 죽으시고 부활하시고 이 땅에 다시 재림하실 것이다. 하나님의 사랑과 진리로 사람이 시작되었고, 죄를 지었지만 구원을 받고 완전한 하나님 나라에서 영생을 누리게 된다.

6 그 때에 이리가 어린 양과 함께 살며 표범이 어린 염소와 함께 누우며 송아지와 어린 사자와 살진 짐승이 함께 있어 어린 아이에게 끌리며 7 암소와 곰이 함께 먹으며 그것들의 새끼가 함께 엎드리며 사자가 소처럼 풀을 먹을 것이며 8 젖 먹는 아이가 독사의 구멍에서 장난하며 젖 뗀 어린 아이가 독사의 굴에 손을

넣을 것이라 9 내 거룩한 산 모든 곳에서 해 됨도 없고 상함도 없을 것이니 이는 물이 바다를 덮음 같이 여호와를 아는 지식이 세상에 충만할 것임이니라(사 11:6-9).

하나님께서 만물을 새롭게 하시면 세상이 이렇게 변한다. 밀림에 포식자의 식성과 소화 구조가 변하지 않는 한 피식자를 잡아먹는 양육강식은 깨지지 않는다. 누가 이 일을 할 수 있는가? 누가 사자를 소처럼 풀을 먹게 할 수 있고, 누가 독사로 하여금 아이를 물지 않고 장난치게 할 수 있는가? 오직 여호와뿐이시다. 오직 여호와만이 해 됨도 없고 상함도 없게 하시고, 물이 바다를 덮음 같이 여호와를 아는 지식이 세상에 충만하게 하신다.

거룩한 성 예루살렘에는 하나님의 영광이 있어 그 성의 빛은 지극히 귀한 보석 같고 벽옥과 수정 같이 맑다. 크고 높은 성곽과 열두 문이 있는데 문에 열두 천사가 있고, 그 문들 위에 이스라엘 자손 열두 지파의 이름이 있다. 성의 성곽에는 열두 기초석이 있고, 그 위에는 열두 사도의 이름이 있다. 그 성은 정금으로 되어 있는데 맑은 유리 같다. 천국은 도로 포장재가 금이라는 유머는 바로 여기에서 나온 것으로 근거 있는 유머다.

예루살렘 성에는 놀랍게도 성전이 없다. 이는 주 하나님 곧 전능하신 이와 어린 양이 그 성전이시기 때문이다. 하나님의 영광이 비치고 어린 양이 그 등불이 되시어 그 성은 해나 달의 비침이 쓸 데 없다. 낮에 성문들을 도무지 닫지 아니하는데, 밤이 없기 때문이다. 그곳에는 무엇이든지 속된 것이나 가증한 일 또는 거짓말하는 자는 결코 들어가지 못하고, 오직 어린 양의 생명책에 기록된 자들만 들어간다(이상 요한계시록 21장). 그리스도의 보혈의 피로 속함을 받은 자만 들어간다.

그곳에는 수정 같이 맑은 생명수의 강이 흐른다. 이 강은 하나님과 어린 양의 보좌로부터 나와서 길 가운데로 흐르는데, 강 좌우에 생명나무가 있어 열두 가지 열매를 맺되 달마다 그 열매를 맺고 그 나무 잎사귀들은 만국을 치료한다. 다시 저주가 없고, 백성은 하나님과 그 어린 양을 섬기며 그의 얼굴을 본다. 주 하나님이 그들에게 비치어 다시 밤이 없고, 등불과 햇빛이 쓸 데 없다. 그들은 그곳에서 세세토록 왕 노릇 한다. 추운 날, 습한 날에 태양 빛이 얼마나 고운지 모른다. 그러니 주 하나님이 비추시는 빛은 얼마나 더 곱고 황홀할까! 생각만 해도 황홀해지고 신비스러워진다. 우리는 이 땅에서 숱한 사람들과 경쟁하여 그들을 짓누르고 왕이 되려고 할 필요가 없다. 천국에 가면 세세토록 진정한 왕 노릇을 할 수 있으니 말이다.

반면에 개들과 점술가들과 음행하는 자들과 살인자들과 우상 숭배자들과 및 거짓말을 좋아하며 지어내는 자는 다 성 밖에 있다(이상 요한계시록 22장). 그곳에서 슬피 울며 이를 간다. 이것보다 더 큰 구별과 차이가 어디에 있겠는가? 하나님의 영원한 성 예루살렘에 거주하는 이들과 그 성 밖에 있는 자들은 하늘과 땅의 차이보다 더 크다. 죽음으로 갈라서는 것보다 더 큰 단절이다. 우리가 두려워해야 할 것은 바로 새 예루살렘

성 밖에 거하는 것이지, 이 땅에서의 죽음과 종말이 아니다. 신자에게 이 땅에서의 죽음과 종말은 새 예루살렘에 가는 길이기 때문이다. 예수 그리스도는 요한계시록 마지막 장 마지막 절에서 "내가 진실로 속히 오리라"고 말씀하신다. 신자들은 "아멘, 주 예수여 오시옵소서!"라고 해야 하지 않겠는가! 주 예수의 은혜만이 이 모든 일을 가능케 하지 않는가? 신자들은 참으로 귀한 은혜를 받은 자들이다. 이 땅에서의 죽음과 종말도 극복하고 새 하늘 새 땅에서 그립고 사랑스런 이들과 영원히 살 수 있으니 말이다!

1. 김소월의 「초혼」을 낭독해봅시다. 최근에 정든 사람이 죽은 경험이 있다면 그때의 슬픔과 허전함에 대해 나누어봅시다.

2. 우리나라의 사망 원인들은 암, 심장질환, 폐렴, 뇌혈관질환, 고의적 자해 등이 상위권을 차지합니다. 이런 다양한 사망 원인들의 근본 원인은 무엇일까요?

3. 고린도전서 15:20-22, 26과 히브리서 2:14-15을 읽어봅시다. 다양한 사망 원인들의 근본 원인을 해결할 수 있는 유일한 해결책은 무엇입니까?

4. 부활이 없다면 여러분은 초상집에 가서 무엇으로 위로를 하겠습니까? 고린도전서 15:35-44을 읽고, 영광스러운 부활체에 대해 나누어봅시다.

5. 예수님은 죽으신 후 사흘 동안 죽음에 갇혀 지옥과 같은 고통을 맛보셨는데, 이것을 인해 성도는 죽은 후에 아무 고통이 없습니까? 성도의 영혼은 죽는 순간에 즉시 어디에서 어떤 상태로 머물게 됩니까?(고후 5:1, 히 12:23)

6. 불신자들은 개똥밭에 굴러도 이생이 좋다며 죽지 않으려고 발버둥치는데, 여러분은 지금이라도 기꺼이 죽을 수 있습니까? 사도 바울은 왜 사는 것보다 죽음을 선호했습니까?(고후 5:8, 빌 1:23)

7. 개인에게 죽음이 있듯 세상에도 종말이 있음을 믿습니까? 요한계시록 21-22장을 읽고 우리가 받을 새하늘과 새땅과 새 예루살렘에 대해 나누어봅시다.

8. 이사야 11:6-9을 낭독해봅시다. 우리가 살게 될 새하늘과 새땅과 새 예루살렘에서는 사자가 소처럼 풀을 먹고, 해됨도 없고 상함도 없습니다. 우리가 이 땅에서 사는 동안 그 나라를 사모하며 하나님을 영화롭게 하고 즐거워하는 삶을 살게 해달라고 조원들과 함께 하나님께 기도해봅시다!